夢をかなえる方程式

脳機能学者・カーネギーメロン大学博士
苫米地英人 著
Hideto Tomabechi

Forest
2545
Shinsyo

PROLOGUE

まだ、過去の延長線上で生きますか？

最新の脳科学と認知心理学でわかったのは、『あなたの脳』も『親をはじめとする他人』もすべて、『過去のあなたにとって重要だと思われる情報』しか見えていないということです。

つまり、多くの人が『過去を前提にした現在』にしか生きていないのです。

これでは、思い通りの人生など望めません。なぜなら、『過去のあなたにとって重要だと思われる情報』しか見えていないのですから、『過去の延長線上の未来』しか来ないのです。

ここで大切なことは、「人はたいていの場合、自らの意思ではなく他人の影響力の下に、不十分な生き方をしているということです。自分の意思で成長や成功を遠ざけているわけではなく、あなたという人間について語る周囲の人々によって、いつのまにかそうさせられてしまっている」ということなのです。

■年収はコンフォートゾーンで決まる！

本書を手にとっていただき、ありがとうございます。突然ですがあなたは、

「コーヒーにしますか？　紅茶にしますか？」

と質問されたら、どう答えますか？

もし、あなたが「コーヒー」と答えたら、実はそれは親の物真似《ものまね》なのです。もちろん、「紅茶」と答えたあなたの判断も親の物真似なのです。

なぜかというと発達心理学のデータで成人が大人になってから無意識に下す判断のうちの8割9割が親の物真似だといわれているからです。つまり無意識での判断は親の刷り込みによる判断になっているというわけです。

つまり、あなたが下す判断や思考は、親の刷り込みによるものなのです。

これは洗脳以外の何物でもありません。

ただし、これは大した問題ではないかもしれません。

しかし、あなたが目標や夢を持っており、自分が子ども時代以上の生活を求めてい

るのなら、大きな問題となってきます。

なぜなら、人間には**「コンフォートゾーン」**の問題があるからです。「コンフォートゾーン」を簡単にいうと、快適な領域と訳せます。

たとえば、よくアメリカなどで宝クジで数億円当ててから人生が破滅したり、ふだんテストで60点の人が90点をとってしまうと次のテストで30点になってしまうといったことも、すべて「コンフォートゾーン」が原因なのです。

さらに問題なのは、この「コンフォートゾーン」は、あなたの最大の洗脳者である「親」によってもたらされている場合が多いのです。**つまり、親が年収500万円の人は、年収500万円の「コンフォートゾーン」なので、年収1億円になるためには、親の洗脳を解く必要があるのです。**

■280万人の人生を変えた！

「タイガー・ウッズが父から学んでいた」「フォーチュン500社の62％が採用」「北京オリンピックで8個の金メダルを獲得したマイケル・フェルプスを指導した」ほ

か、連邦政府機関、州政府機関、国防総省、警察などに導入され成果を上げてきたルー・タイスのメソッドを基に、私とルーが一緒に開発した自己実現プログラムが本書で紹介するTPIE®（タイス・プリンシプル・イン・エクセレンス）なのです。

すでに、いくつかの著書の中でTPIE®に触れてきましたが、本書がオフィシャル・ブックになります。今まで、なんとなく解説してきたことも、私たちが開発した21ユニットで体系的に解説しました。

まさに、私の専門分野である「機能脳科学」と「認知心理学」の最新の研究成果が基になっており、

・「だまされやすい」という脳の特徴を利用し、
・「未来の記憶」をつくり、
・「コンフォートゾーン」を高め、
・あなたの目標を達成してしまう、

というプログラムです。しかも、「機能脳科学」と「認知心理学」に裏付けされているので、誰でも無理なくできる方法になっています。

「仕事」「プライベート」「夢・目標」「投資」「お金」「自信」「人間関係」…など、あ

なたが「変えたい」「悩んでいる」ことがあるなら、最も効果的なプログラムであることは間違いないでしょう。前述したように、すでに「圧倒的な実績」があるプログラムに、私が最新の機能脳科学を融合させることにより、

- **誰でも、今すぐに実践でき、**
- **ストレスなく、結果が出る、**

ように設計しました。

■ＲＡＳとコンフォートゾーン

ここで、脳の話に入ります。私たちの脳は、自分にとって関係がないと思っていることは、脳幹にあるＲＡＳ（網様体賦活系《もうようたいふかつけい》）のフィルターが遮断し、情報を情報として受け取りません。

つまり、ＲＡＳの働きによって、あなたは自分にとって関係あると思っている情報しか受け取ることができなくなっているのです。

たとえば、「会社の人間は無能なやつばかりだ」「こんな会議をやっても意味がな

い」「どうしてこんな無駄な仕事ばかりさせるのだろう」と、いつもあなたが会社をネガティブにとらえているとしたら、自分にとって有益な同僚の姿も、非常に重要な会議での発言も、その仕事が大きな利益をもたらしボーナスの査定に影響することも、すべて見えなくなるでしょう。

なぜなら、あなたの考えが無意識のうちに自分が見たいもの、聞きたいもの、体験したいことだけを認識させるようになるからです。

その結果、あなたは、自分に植えつけられた「コンフォートゾーン」から抜け出せなくなり、先入観や思考パターン、無意識の選択と行動から逃れられなくなるのです。

ですから、もしも、あなたが、

「頭ではわかっているけど、なかなか『行動』できないことがある」

「自分でもよくわからないが、『単純なミス』をしてしまったことがある」

「もう少しというところで、『仕事』や『目標』を成し遂げることができなかった」

「思ってもいないことを言って『人間関係』を壊してしまったことがある」

「好きになっては不幸になるとわかっている相手と『恋愛』してしまったことがある」

「人生の大事な場面で『失敗』してしまったことがある」

…など、「がんばっているのに、思った通りの人生にならないなあ」と感じているなら、RASによって情報が遮断され、現状の「コンフォートゾーン」から抜け出せなくなっている可能性が高いのです。

■あなたを洗脳している人は？

そもそも、

「これをやってはいけない」

「これをやりなさい」

「こっちのほうがいい」

と人は生まれてからいわれ続けています。これは誰からコントロールされているかというと親からやられています。

だからあなたの最大の洗脳者は親なのです。

もし、あなたが子どもを持っている場合、あなたは子どもを洗脳していると自覚したほうがいいということです。そういった意味でも、本書の内容は、**子育てや教育に**

も役立つでしょう。

両親だけでなく、学校の先生、あるいは妻や夫、良識のある友人や先輩、そうした人々はほとんどの場合、あなたの現在までの能力をきわめて客観的に評価し、妥当と思える意見をいいがちです。

あなたが、「年収1億円になりたい」「起業したい」「東大に入りたい」「ミュージシャンになりたい」といった夢を語ったとたん、彼らは「それは無理だ。やめといたほうがいい」というはずです。

そういう人々をすべて**「ドリーム・キラー」**といいます。どんなにあなたの話に一生懸命耳を傾け、あなたのためを真剣に考えていたとしても、彼らは必ず「ドリーム・キラー」になっているのです。

なぜなら、彼らはすべて今日までの現状をベースに、その延長線上の未来しか見ようとしません。現在の延長線上の未来というのは、現状の「コンフォートゾーン」の中にあるわけですから、あなたの人生はまったく変わらないでしょう。

そして、多くの人々が「ドリーム・キラー」の意見を受け入れてしまっているために、自らの意思ではなく他人の影響力の下に、不十分な生き方をしているのです。自分の意思で成長や成功を遠ざけているわけではなく、あなたという人間について語る周囲の人々によって、いつのまにかそうさせられてしまっているのです。

そう、他人によって、あなたの能力や才能が制限されているのです。

ですから、今すぐ世界最高の実績を誇る自己実現プログラムTPIE®で、新しい「本当のあなたの人生」をつくりましょう。

さっそく、16ページからお読みください。

苫米地英人

Contents

もくじ

Contents もくじ

UNIT 1

TPIE®の世界へ

タイス・プリンシプル・イン・エクセレンス（TPIE®）とは何か

■元祖コーチ

フットボールのコーチだったルー・タイスが、アマチュア選手たち及びプロチームのメンタル強化法をビジネスマンと企業組織に適用し、人材の育成や企業の成長に目ざましい成果を上げるようになったのは、かれこれ40数年前のことになります。

それ以来、人と企業が目標を達成する手段としてコーチングが一般社会に受け入れられ、その重要性がさまざまな形で認識されるようになりました。

今ではアメリカのフォーチュン500企業の62%が、ルー・タイスのコーチングを受けています。ルー・タイスは、まさに元祖コーチングであるわけです。

1990年代になると、コーチング・ビジネスが爆発的に普及し、タイスの弟子や孫弟子たちがコーチングスクールをあちこちで設立したことから、さまざまなコーチングのプログラムが乱立するようになりました。

こうしたビジネス上の競争は、プログラムの差別化を促すいっぽう、**コーチングを受ける人と企業の目標達成のために、さまざまな心理操作手法を取り入れる一種の流行を**

生みました。実はこれが、現在のコーチングに大きな誤解と混乱を及ぼしています。

人の脳機能を正しく理解することなしに、心理操作テクニックなどを安易に取り入れた結果、コーチングを受ける人や組織の目標達成を、むしろ困難にしてしまうような状況が生まれたのです。

■暗示とアファメーションは違う！

それは、次のような理由によるものです。

ルー・タイス・プログラムは、言語に重きを置いたプログラムです。その核心テクニックはアファメーションといえます。

ルー・タイスの方法論が広く注目されるようになると、アファメーションを「暗示」と誤解する人々が生まれ、暗示や催眠を利用した亜流の自己変革の方法論が世の中にたくさん登場します。

そのせいで、ルー・タイス・プログラムを実践するプロコーチたちからも、「タイスの方法論はアファメーションのかけ方は教えてくれるものの、暗示のかけ方は教えてくれない。よそのスクールで暗示の方法を学びたい」という声が上がるようになりました。

タイスが言語を重視しているのは、アメリカの文化的な背景からなのですが、それが言語イコール自己暗示、自己暗示イコール心理操作という連想に結びついたということでしょう。

しかし、これは決定的な間違いといわなくてはなりません。

その理由を、ここではっきりと説明しておきましょう。

■タバコはおいしい

暗示とは、そうではないとわかっていることを「そうだ」と思い込ませる技術です。

一例をあげれば、タバコをやめたい人は、タバコを吸うとおいしいということが自分でよくわかっています。それなのに、タバコを吸うと気持ちが悪くなるという暗示をかけて、禁煙させるのです。

20数年前、催眠の大家に催眠を学んでいた時代に、私も自分に暗示をかけてタバコをやめた経験があります。

自分にタバコを吸ったら気持ちが悪くなるという暗示をかけると、本当にタバコを見ただけで気持ちが悪くなり、それはもう一撃でタバコをやめることになりました。

しかし、私自身は、相変わらずタバコはおいしいとわかっているわけです。このアンビバレントな気分がおわかりになるでしょうか。

私にとって禁煙は非常に不快で、微塵《みじん》も満足感のない記憶として残っています。

自己実現プログラムなどでよく見られるのは、暗示や催眠を使って、現実には貧乏であるのに、私は大金持ちだと思い込ませる方法です。

そうすることによって、ポジティブな思考を生み出そうとするわけです。

しかし、こうした暗示が一時的に効果をもたらしたとしても、その思い込みがその人のゴール達成を可能にするかといえば、決してそうではないのです。

なぜなら、暗示や催眠でできることは、具体的なゴール達成とは無関係です。私は有能なビジネスマンになりたい、あるいは、私は有能なリーダーになりたいというように、こうありたい自分の設定を含んでいるものの、そこには、未来における具体的なセルフ・イメージや具体的なゴールの世界はありません。

有能なビジネスマン、あるいは有能なリーダーとして具体的に何をするのか、ということがないからです。

自分が有能だと思い込むことに成功したとして、それが具体的なゴールにつながらなければ、いったいどれほどの意味があるといえるでしょうか。

ポジティブな思考になったからといって、その人が具体的な成果を示すことができなければ、単にそれだけの話で終わってしまうのです。

■ゴールの世界の臨場感

それに対して、ルー・タイス・プログラムでは、ゴールの設定がすべてであるといえます。そして、ルー・タイス・プリンシプルの核心は、そのゴールの世界を強くリアルに感じるとゴールの世界が現実になる、というものです。

もちろん、ゴールはどのような条件のもとに具体的に設定しなくてはいけないということも決まっています。

このとき、アファメーションは、ゴールの世界の臨場感を上げる道具として使われます。アファメーションというテクニックを使うことによって、ゴールの世界を強くリアルに感じるようにするということです。

もちろん、未来の世界の臨場感を強める手法は、言語を用いるものだけに限りません。たとえば、映画を見ても臨場感は上がりますから、映像や画像を使ってもいいわけです。

ただ、ルー・タイスの方法論では、言語を使って臨場感を上げるアファメーションが重視されているということなのです。

後に詳しく述べていきますが、ルー・タイス・プリンシプルの条件にかなうゴールは、大金持ちになりたいとか偉くなりたいといった抽象度の低い世界ではありません。たとえば、機会あるたびに紹介している私のゴールは「世界の戦争と差別をなくすこと」です。もちろん、人それぞれさまざまなゴールがあっていいわけですが、戦争と差別がなくなる状態というのは、抽象度が高く、きわめて漠然とした世界です。

こうしたゴールを設定すると、臨場感に欠け、ゴールの世界を強くリアルに感じることがひどく困難です。

実は、ルー・タイス・プリンシプルの制約を満たせば満たすほど、ゴールの世界の臨場感は薄くなっていきます。

そこで、アファメーションを使って、その臨場感を効果的に上げていくことが、ゴール達成のひとつの鍵なのです。

つまり、アファメーションは、ゴールを達成するために、ゴールの世界の臨場感を上げる方法です。間違っても暗示や催眠の類《たぐ》いではありません。

暗示や催眠でゴールを達成することはできないという点を、よく理解していただきたいと思います。

■ゲシュタルト

そもそもゴールというものは、臨場感が高くて初めて選ばれるものです。

選ばれる、という言い回しに、読者のみなさんは違和感を覚えることでしょう。もう少し説明を加えてみましょう。

ゴールを強く意識し、リアルに感じている人は、今の自分のゲシュタルトとゴールの世界のゲシュタルトと、最低2つのゲシュタルトを持っています。

ルー・タイス・プログラム

そのために、
アファメーションを用いる。
具体的なイメージを
ともなわない**暗示・催眠**は無意味

ゲシュタルトとは、人間の精神の全体性を持ったまとまりのある構造、つまり統合的な人格のことです。

人は潜在的には、複数のゲシュタルトを持つことができます。ただし、臨場感を持つ、言い換えれば、顕在化する、つまりホメオスタシスを維持できるゲシュタルトは同時にひとつだけです。

たとえば、バイリンガルの人は、英語をしゃべっているときと英語をしゃべっていないときとでは人格が異なります。また、多重人格障害の人は、5人、10人、あるいはそれ以上の人格を持っています。

しかし、表に出てくる統合的な人格はつねにひとつです。同時に複数の人格が出てくることはありません。

したがって、具体的なゴールに臨場感を持っている人は、ゴールの世界のゲシュタルトと自分の今のゲシュタルトと、どちらかひとつが自我によって選ばれ、表に出てくることになります。

ゲシュタルト

ゲシュタルト＝統合的な人格

人は潜在的に複数のゲシュタルトを持つが、
表に出てくるものは**ひとつだけ**

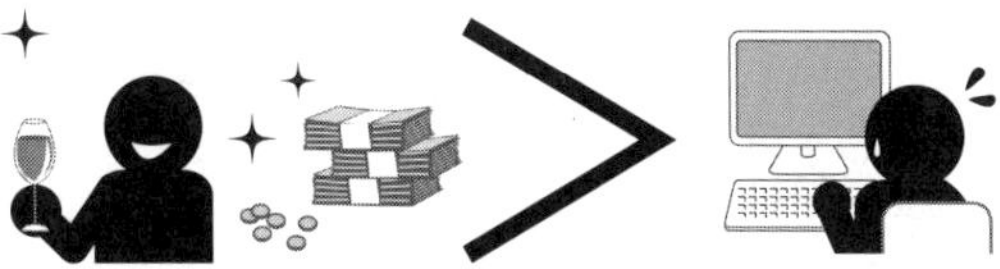

ゴールのゲシュタルトを表に出す！

■ゴールは簡単に達成できる

ゲシュタルトは、より臨場感の高いほうが選ばれるのがセオリーですから、ゴールの世界を現在の自分よりも強くリアルに感じていなくては、ゴールの世界のゲシュタルトは顕在化してきません。

ゴールのゲシュタルトが表に出てこなければ、ゴールの世界が実現することもなくなります。

逆に、ゴールの世界の臨場感が現状よりも強ければ、ゴールのゲシュタルトが顕在化し、その結果、ゴールの世界が実現していくことになります。

なぜならば、ゴールの世界のゲシュタルトには、ゴールを達成するために何をすればよいか、何をしなくてよいか、達成の方法がはっきりと見えるからです。とすれば、ゴールのゲシュタルトが選ばれた人は、すでにゴールの達成に向かって大きな一歩を歩みだしている人であり、すでに勝者であるといえます。

まだそうでない人も、ゴールの世界のゲシュタルトが選ばれるようにゴールの世界の臨場感を上げることができれば、自然にゴールの達成へと進むことができます。

たとえば、「現在のゲシュタルト＝年収５００万円の私」で、「ゴールの世界のゲシュタルト＝年収１億円の私」だった場合、ゴールの臨場感が現在よりも強ければ、年収１億円は達成されることになります。

そのときの中心技術が、アファメーションなのです。

■変性意識

もちろん、ゴールの世界の臨場感を上げるアファメーションもまた、内部表現※の書き換えの技術であり、変性意識の技術であることに変わりありません。

確かに、一昔前まで内部表現を書き換える技術としては、「変性意識を生成し、催眠をかけ、暗示をかける」といういい方をしていました。

変性意識とは、英語でオルタード・ステーツ・オブ・コンシャスネスであり、意識が変性した状態と解釈されますが、実は、これは人間の無意識が解明されていないころの用語です。

※内部表現
あなたが見ている世界そのもののことです。目に見える風景、恋人など脳というフィルターを通して認識しているもののことです。物理のレベルの情報だけでなく、概念や感情などの真理レベルの情報も含まれます。

たとえば、映画を見たり、小説の世界に没頭したりしているときが変性意識であり、物理世界に臨場感があるときは変性意識ではないという説明が過去には可能でした。

しかし、認知科学が誕生して以来、そういう解釈が間違いであることがはっきりしてきました。

臨場感による最新の定義でいえば、臨場感が物理的現実世界に100％あるときのみが変性意識でない状態である、ということになります。

これでは変性意識でない状態の人は、お釈迦《しゃか》様だけになってしまうのです。

その理由を述べる前に、前述したＲＡＳ（網様体賦活系）とスコトーマのことをもう少し説明しておく必要があるでしょう。

ＲＡＳというのは、人の脳の活性化ネットワークのことで、毎秒、毎秒五感に入ってくる大量のメッセージの中のどれを意識するかを決定する役割を果たすものです。いわば私たちが受け取る情報のフィルターとして、情報の取捨選択を行っています。

スコトーマとは、盲点のことです。私たちは身の周りの情報をすべて理解しているかのように感じていますが、実はスコトーマによって隠されていることがたくさんあります。

なぜ私たちにスコトーマがあるかといえば、それはRASがあるからなのです。私たちの脳がRASによるフィルターを通して現実世界を認識している限り、その認識にはスコトーマがあり、現実世界をそのまま認識している人は1人もいないのです。**だから、目の前にあるものが見えなかったり、ないものが見えたり、ということが起こります。**

では、RASというフィルターを通して現実世界を認識している人間にとって、リアリティーとは何でしょうか。

それは、過去の記憶によって成り立っているものにほかなりません。昨日までの自分が過去に受けた強い情動記憶によって、今日の現実世界が目の前に広がっているのです。

■お釈迦様

いうまでもなく、昨日までの記憶は、人によってぜんぜん違っています。

つまり、人はそれぞれスコトーマとRASを持ち、その結果として同じ物理世界を

見ている他人は誰もいないということなのです。

だからこそ自我が生まれます。自我というのは、宇宙に対して何が重要で何が重要でないかを評価する、ある種の評価関数といえます。

たとえば、目の前にあるコーヒーカップとお母さんとどちらが重要ですか、と問うと、「もちろん、お母さんです」と、ふつうみんなが答えるわけです。

ところが、悟った人はすべての物事を平等に重要に感じます。なぜなら、悟った人にはRASが存在しえず、そういう人にはスコトーマがないからです。

つまり、悟った人にとっては、目の前のコーヒーカップとお母さんと、どちらも同じように重要なのです。それは、たとえばイラクの子どもたちも自分の子どもたちと同じようにかわいく重要だとジョージ・ブッシュが感じていれば彼は悟った人だ、というのと同じです。

その徹底的に極端な例が、本当のお釈迦様です。

もちろん、ふつうの生身の人間である限り、お釈迦様になることはどだい無理な話です。ということは、**ふつうに生きている人は全員、RASが存在し、スコトーマがあり、物理的現実世界を見ていないということになります。**

これが何を意味するかといえば、**私たちは全員、変性意識の状態にあるということです**。そのため現代では、変性意識という言葉自体にとりたてて大きな意味もなくなりつつあります。

この点からも、暗示や催眠がきわめて限られた変性意識を引き起こす道具であって、コーチングの道具としてはあまり役に立たないことがわかります。

臨場感を上げるためなら、もっと強力な方法論がたくさんあるということなのです。

■リアリティーの定義が変わった！

ここで指摘しておかなければならない重要な点は、リアリティーとは何かという定義が、認知科学以前と認知科学以後では大きく変わったということです。

認知科学から生まれた映画『マトリックス』を例に、このことを簡単に説明しておきましょう。

『マトリックス』では、指先や目から入ってくる電気的、化学的な神経情報をすべて脳幹にさしたインターフェイスが代わりにつくって、脳に渡してくれるという設定です。目や指からくる情報を認識するのではなく、あたかもそれが行われているかのように外部コンピューターが情報を生成し、その情報を脳に渡してしまうと、それが目の前の現実世界になるわけです。

実は『マトリックス』は、認知科学そのものをテーマに展開した初めての映画です。つまり、認知科学においては、現実世界やリアリティーの定義は簡単で、今本人にとって臨場感のある世界がリアリティーなのです。

脳幹的な意味合いからいえば、現在ホメオスタシスを築いている相手をリアリティーとするわけです。

ということは、映画を見ているときは映画の世界が現実世界であり、本を読んでいるときは本の世界が現実世界であるということです。

『マトリックス』にあるように、脳に情報の橋渡しをするインターフェイスを実際につくることができるかどうかは別として、これこそが認知科学以降のリアリティーの定義なのです。

■バーチャル・リアリティーの定義も変わった！

このようになると、これまで人口に膾炙《かいしゃ》したバーチャル・リアリティーという言葉もずいぶん意味合いが変わることに気づくはずです。

認知科学以前にバーチャル・リアリティーといえば、コンピューター・グラフィックスをはじめさまざまな技術を使い、仮想的な現実世界をいかに物理的現実世界に近づけていくかということを追求していました。

その場合、リアル・ワールドというのは、あくまで物理的現実世界を指していたわけです。

ところが、認知科学以後、こうした認識は一変せざるをえなくなります。なぜかといえば、私たちに物理的現実世界を認識することは不可能である、とわかったからです。

感覚器を通した瞬間に、一度情報化され、それがRASのフィルターを含めて脳を通り、情報を思いっきり変えてしまいます。まさに『マトリックス』の世界と同じことが、ふだんの私たちの中で起こっているのです。

『マトリックス』に登場する、首に埋め込まれた脳幹インターフェイスのマトリックス・コンピューターは、空想の産物ではありません。

実際は、みなさん1人ひとりの脳の中に存在しています。

そして、マトリックス・コンピューターの正体は、過去に聞いた先生や親、友達の言葉、あるいは失敗などの強い情動をともなう過去の経験、自分の過去の人生によって形づくられた自我そのものです。

それはまた、ルー・タイス・システムでいうブリーフ・システムそのものであるともいえます。

いっぽうで、バーチャル・リアリティーが近づこうとした物理的現実世界、リアル・ワールドは、実は存在しなかったということなのです。

このように、リアリティーとは物理的現実世界のことではありません。認知科学が生まれたことによって、物理的現実世界にリアリティーを持てる人はお釈迦様以外になく、実際、誰にも同じに見える物理的現実世界はないということが理解されるようになったわけです。

■まったく新しいプログラム

ＴＰＩＥ®（タイス・プリンシプル・イン・エクセレンス）は、ルー・タイスと私がつくったまったく新しいコーチング・プログラムです。

ビジネス・コーチング・プログラムとして過去に展開してきたＩＩＥ（インベスト・イン・エクセレンス）の新バージョンと受け止められるかもしれませんが、そうではありません。

ＴＰＩＥ®をつくるにあたっては、脳科学や認知科学の新しい成果をふんだんに取り入れました。ＴＰＩＥ®という名称も、実は私がつくったものです。

プログラムをまったく新しくした目的は、ビジネス・コーチング・プログラムの決定版として広く認識してもらうためです。

具体的にいえば、アファメーションを日々の暗示と受けとって暗示や催眠テクニックを応用しようとする誤解を一挙に氷解させ、同時にプロのコーチたちが「テクニックの迷路」に迷い込まないようにすることです。

TPIE®を習得すれば、ビジネス・コーチングを行ううえで、もはやほかのプログラムや技術を習得する必要はありません。

もちろん、暗示や催眠のかけ方などのテクニックも、一切必要がなくなります。

TPIE®は、あれもこれも学ばないとコーチングができないという根拠なき呪縛《じゅばく》から、読者のみなさんを必ず解き放つことでしょう。

ルー・タイスが始めたコーチングは、きわめて科学的な方法です。

彼は40数年前から、そのときどきの心理学の最新の成果を取り入れてきました。

プログラムにしても、アメリカのトップクラスの心理学者たちと組み、つねに新しいものに更新しています。

今回、TPIE®を発表することによって、その評価がさらに高まるものと、私自身たいへんな期待を寄せるものです。

UNIT 2

スコトーマとRAS リアリティーを見えなくするもの

あなたの現実の世界はスコトーマとＲＡＳによって決められます。
あなたは、あなたが現在まで重要だと思っている物事しか見ることができません。

■脳の情報処理能力は大したことない！

かつて究極のコンピューターと考えられていた人の脳は、脳機能の研究が進むにつれ、実はそのままでは大した情報処理能力を持っていないことがわかってきました。ただし、脳がすごいところは、大した働きを持っているように見せかけるのが非常に上手な器官であるという点です。

私自身がいろいろ研究してきたことの結論をいえば、**私たちが今見ている世界は過去の記憶によって成り立っているということです。**

つまり、私たちは、昨日見たものを、今日は見ないのです。その理由は、脳の情報処理能力にあります。過去に見たものを、今わざわざ全部認識するとしたら、脳の情報処理がとうてい追いついていかないのです。

その代わりに、脳は私たちを、昨日見たものを今日も見たという気にさせます。

見た気にさせるというと、過去の情報が記憶に全部入っていて、それをリアルタイムで海馬《かいば》が引っ張り出して意識に貼りつけるのだろうと誤解されそうですが、実は、脳は情報を引っ張り出すことさえしません。

実際は見てもいないのです。文字通り、見た気になるだけです。

たとえば、講演会でルー・タイスが行う実験に、自分が今している腕時計の文字盤を記憶を頼りに絵に描いてもらうというものがあります。

たいていの人が、お気に入りの腕時計をしています。それを3～4分間で記憶をたどって絵にするわけですが、出来上がった絵を実際の腕時計と見比べてみると、単純な図柄の文字盤でも5～10カ所は間違いが出てきます。

人は、毎日見ているはずのお気に入りの腕時計でさえ、実際はよく覚えていません。

この実験からも、毎日見ていると思っていることが、実は単に見た気になっているにすぎないことが判明するわけです。もちろん、今見ていない理由は、過去に見て、記憶に何となく入っているから見ないということです。

文字盤の絵そのものについていえば、プロの人が上手に記憶を引っ張り出してやることで正確に描けるようになります。ただし、本人の力では、それを正確に思い出すことはできません。

つまり、脳は「知ってるよ」と自分をだますのが得意な器官なのです。

■脳が本気で働くと餓死する！

同様に、脳は「俺はすごいんだ」と思わせるのがうまく、実際は大した情報処理を行っているわけではありません。

もっとも、脳がぜんぜん大した働きをしない器官だと考えるのは間違いです。情報処理も、脳が本気でそれをやるとしたら、たいへんな能力を発揮するでしょう。

しかし、困ったことに、**もし脳が本気で働いたとすると、私たちは餓死してしまいます。**脳は人の身体の中で最もエネルギーを必要とする器官であり、それがフル回転すれば、その瞬間に本人が餓死するほどのエネルギーを消費してしまうのです。

このことは、脳に比べ、消化器官や心臓、肺などの器官の発達がきわめて遅いという、人の進化の問題に帰結します。

人の脳は、それほどまでに異常なスピードで発達してしまったということなのです。

こうした事情を考えれば、過去に見たものを見ないにもかかわらず、脳が「見ているよ」と自分をだますのも、生命の危険を回避するための手抜きであるに違いありません。

手抜きをしないと、脳そのものにもそれが深刻なダメージとして跳ね返ってくるからです。

■脳は手抜き器官である！

脳が手抜き器官であることが、実はRAS（網様体賦活系）のカラクリそのものです。RASを一言でいえば、脳幹の基底部にあるフィルターシステムのことです。このフィルターシステムによって、**私たちの脳は、そのとき重要だと思った情報以外を遮断してしまいます。**

RASの働きを示すわかりやすい例のひとつは、カクテル・パーティー効果でしょう。カクテル・パーティーというのは、ホテルの大広間などで行われる大規模なスタンディング・パーティーのことです。カクテル・パーティーでは、見知った仲間がグループになって談笑するのがつねです。

ところで、人間とは不思議なもので、見ず知らずの人とは距離がくっついてもあまり気になりません。ところが、見知った仲間だと、その相手とは自分にとって違和感

のない距離を保とうとします。

たとえば、電車に同乗したビジネスマン2人組は、満員電車の中で隣り合わせの見ず知らずの人とどんなに背中がくっつこうとも、2人の間には必ず一定の空間を確保しているのがふつうです。

■カクテル・パーティー効果

カクテル・パーティーでも同じで、自分が会話している相手とは距離を保ついっぽう、見ず知らずの隣のグループとはほとんど距離がありません。当然、自分が会話している相手の声よりも隣のグループの話し声のほうが大きく聞こえているはずです。

仮に、会話の相手と1メートルの距離、見ず知らずの隣人と20センチの距離だとすれば、音量を表すデシベルは距離の2乗で下がっていきますから、隣の関係のない人の声のほうが自分の会話の相手よりも25倍大きいのです。

ところが、本人には、隣の人の声は聞こえず、1メートル先の相手の声が聞こえています。

脳は見たいものしか見ない

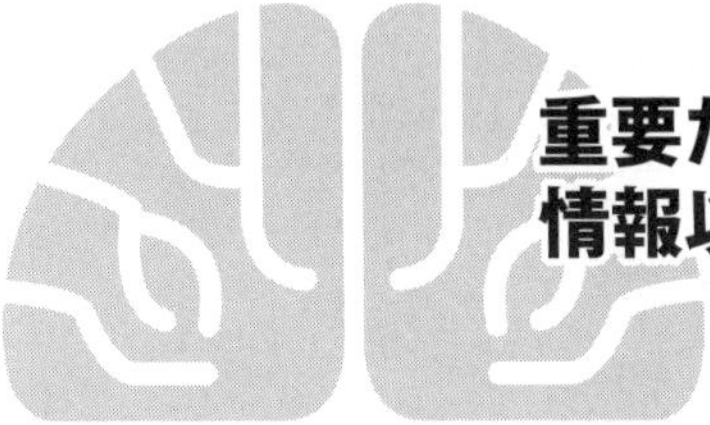

RAS（網様体賦活系）

＝

重要だと思った情報以外を遮断

スコトーマ（盲点）が生じる！

⬇

ゴールの**設定**が**重要**

EX）

「新しいテレビを買おう」と思っていなければ、テレビのＣＭや広告には気づきもしないが、「買おう！」と決めた瞬間、情報が目に入るようになるなぜかといえば、人の脳がそのとき重要でないと思った情報を遮断するからなのです。

これがカクテル・パーティー効果です。このような芸当をコンピューターに置き換えようとしても、なかなかできるものではありません。

つまり、これがRASなのです。

そして、このRASの結果をスコトーマというわけです。スコトーマは、もともと眼科の用語で盲点を意味するものです。ここでいうスコトーマとは、視覚情報だけでなく、聴覚情報や触覚情報など、全感覚情報を含んでいます。

もちろん、RASがあるからこそ、人間は正しく行動することができます。

重要でない情報を見ない、聞かない、感じないというシステムがあるからこそ、私たちは正常な意識状態を保つことができるのです。

たとえば、隣の人の声が気になって目の前の相手と会話ができなくなることもありませんし、ベッドの感触が気になって夜眠れなくなることもありません。

そうならないように、脳が重要ではないと判断した瞬間に、それが見えなくなり、聞こえなくなり、感じなくなり、脳が無理やり盲点をつくりだしてくれるわけです。

脳にとって、これはきわめて重要な能力のひとつです。

■脳は見たいものしか見ない！

さて、私たちは、ＲＡＳによって出来上がった世界にいます。ということは、私たちの目の前にある世界は、自分の脳が重要だと判断した情報だけで成り立っています。

では、脳が何を重要だと判断するのかといえば、**「昨日までの自分が重要だと判断していたもの」**を重要だと判断するのです。

つまり、結果としての目の前の世界は、昨日までの自分が重要だと判断した情報のみで成り立っているということです。

ここまでの話を、一度整理しておきましょう。

第１に、今見ているものは、本当に見ているわけではなく、見ているつもりになっているものです。

第２に、見ているつもりになっている世界は、視覚、聴覚などすべての感覚の記憶を利用することで成り立っています。

第３に、何を見るかということそのものは、昨日までの自分の判断によって決められます。

つまり、私たちが見るものは、指向性マイクと画角の狭いビデオカメラによってとらえられる映像みたいなものであり、その映像を撮るディレクターは誰かといえば昨日までの自分であるということです。

これがまさに、あなたのリアリティーがＲＡＳとスコトーマによって限定されていることのカラクリなのです。

■ゴールを設定するのが効果的

したがって、自分と自分のマインドを変えていかない限り、あなたの脳には昨日、昨年といった過去において重要だった情報か、その延長として今の瞬間に重要な情報しか認識されることはありません。

このスコトーマの作用は、個人だけでなく組織の中でも起こります。

会社の同じ部署にいる仲間とコミュニケーションを行い、目先でこれが重要だという共通認識が出来上がると、それ以外のことは見えなくなります。仕事のチャンスや、仕事を進めるうえで重要な情報や選択肢がわからなくなってしまうわけです。

そこで、まずはゴールの設定が非常に重要になってきます。

今の自分のコンフォートゾーンの外側にゴールを設定し、そのゴールに自分自身で責任を持って臨み、それをリアリティーとして自分のものにしていくのです。

すると、ＲＡＳがオープンになり、ゴールを達成するための情報が次々に脳に飛び込んできます。

卑近な例をあげれば、人は新しいテレビを買おうと決めたとたん、テレビの広告などで流されているさまざまな情報が目に入るようになります。そんなとき、読みさしの雑誌の中に新型テレビの商品比較特集が載っていることに気づくことがあります。テレビを買おうという気持ちがなかったときは、スコトーマがかかって、記事にも気がつきません。このように、何か新しい目標を設定すると、私たちのマインドを支配している今現在のリアリティーが変わり、スコトーマが外れます。

さらにゴールの世界のリアリティーを強めていくことで、今まで見えなかったゴール達成の方法が、当たり前のこととして見えてくるのです。

これが、人間のマインドが持っている、本来の作用なのです。

UNIT3

情動記憶があなたをつくる

情動記憶があなたにとって何が重要かを決めています。あなたのハビットとアティテュードは、情動記憶によってつくられています。同様に、あなたのブリーフも情動記憶に基づいて形成されています。

■人間にとって意味を持つ過去

何が重要な情報かを決めるのは自分の過去である、ということをユニット2で述べましたが、ここでいう自分の過去とは何でしょうか。

人間にとって意味を持つ過去は、それを意識しているかいないかにかかわらず、おしなべて強い情動をともなった過去です。その記憶は、情動記憶と呼ばれます。つまり、情動記憶があなたにとって何が重要かをつねに決定しているのです。あなたが持つハビットやアティテュードも同じです。

ハビットとは、一般に習慣と訳されます。ただ、ここではもう少し広い意味を持つ言葉として使っています。たとえば、ふだんついこうしてしまう癖などもハビットに含まれます。毎日の日常の中で、当たり前のように無意識で行うことすべてを指しています。

いっぽうのアティテュードは、態度というよりも、行動の性向であり、日常の無意識の選択のことです。

たとえば、毎朝、当たり前のようにコーヒーを飲むのはハビット。「コーヒーにしますか、紅茶にしますか？」と尋ねられて、「コーヒー」を選ぶことがアティテュードです。

こうしたハビットとアティテュードも、実は情動記憶によって決められています。

また、あなたの無意識の日常の信念であるブリーフや、ものの見方や考え方であるブリーフ・システムも情動記憶によって決定づけられます。

つまり、情動記憶は、ハビットとアティテュードという日常の無意識の行為と、ものの見方、考え方との両方を決めています。

言い換えれば、私たちの自我の行動を制約しているものは情動記憶である、ということなのです。

■情動記憶とは？

では、情動記憶とはどのような記憶でしょうか。

情動記憶とは、強い感情をともなった出来事の記憶のことです。失敗の記憶など、よく悪いことだけを取り上げて考えられがちですが、幼いころの成功体験など良い情動記憶もあります。

たとえば、子どものころにレストランで騒いで怒られた人は、レストランで騒いではいけないという情動記憶が残ります。怒られる体験は強い感情をともないますから、これは当然のことでしょう。逆に、レストランでおとなしくしていて褒められた経験を持つ人も同様です。

このようにして刻まれた、レストランで騒ぐことは嫌だ、もしくはレストランで騒がないことはいいことだという情動記憶によって、行動の性向なりブリーフ・システムなりが生まれます。

つまり、レストランでよく怒られた人や、よく褒められた人は、いずれはレストランに行ったときは静かにする人になり、それがまさに日常における無意識の行動と無意識の選択、ハビットとアティテュードになるわけです。

レストランに行ったとき静かにすること自体に、良い悪いという価値判断はありません。しかし、**私はむしろ、子どものころに刻まれたこの手の情動記憶は問題であると考えています。**

情動記憶

**強い感情をともなった
出来事の記憶**

子どものころの失敗や成功の記憶が

ハビット(習慣)

アティテュード
(行動の性向、日常の無意識の選択)

を決める!

ほとんどの人が成功を妨げるハビットとアティテュードをたくさん持っている。この無意識の行動・選択を変える必要があるなぜなら、3歳や4歳の子どもがレストランなどで騒ぐのは当たり前のことで、レストランで騒げない、つまり人前で騒ぐことができない大人からは、オバマ大統領のような人物は生まれません。

あるいは、リーダーや主役をつくることができないということになってしまいます。したがって、子どものころ怒られたり褒められたりした情動記憶が本人にとっていいか悪いかの判断は、社会の状況や自分のゴールによってどちらにも転ぶものなのです。

実は、ここが大切なポイントなのですが、過去の出来事の情動記憶がつくりあげるハビット、アティテュードが自分のゴールと合致したものであるか否かについては、何の保証もないということです。

■ハビットとアティテュード

ほとんどの人は、良い結果を生み出すことを妨げるようなハビットとアティテュードを驚くほどたくさん持っているといえます。真に有能な人物になることを邪魔する

情動記憶がマインドに根づいているということです。

たとえば、音楽、仕事、食べ物、人間関係、どのようなものに対しても、あなたは自分が心地良いと思う方向に動きます。

しかし、心地良いというのは、あなたがポジティブに動くということだけを意味していません。

情動記憶によって、感情レベルで痛いだろう、恥ずかしい思いをするだろう、傷つくだろうといった情報を知覚すると、あなたは無意識のうちにそれを拒絶します。自分にとって居心地が良い状態を維持しようとするホメオスタシスが働いて、その状況から逃れるでしょう。結果に対してネガティブな感情を持つあなたにとって、そのほうが心地の良い状況だからです。

したがって、私たちは、このような無意識の行動や選択を変える必要があります。

ハビットとアティテュードを変えることなしにゴールを設定しても、何をすればいいのかわからないまま、ゴールをあきらめることになってしまいます。

このようなハビット、アティテュードとゴールの関係を紹介すると、決まって生じる次のような誤解があります。

それは、退行催眠やトラウマ治療、過去の情動に対するリフレーミング、あるいは過去の情動に対する感受性を下げる**ディスセンセタイゼーション**のような方法を使ったらいいのではないかというものです。

過去の情動記憶がゴールの達成にマイナスに作用するのであれば、その情動記憶に働きかけ、過去を細工すればいいというわけです。

しかし、これは非常に大きな間違いといわなければなりません。

なぜなら、退行催眠をはじめとする過去の情動記憶に対する働きかけは、トラウマを悪化させるなど、たいへん大きなリスクをともないます。しかも、仮に効果をもたらしたとしても、それがゴールと合致する結果を生むかという点も保証できません。

何よりも、過去の情動記憶に細工をする最高の方法は未来に対する働きかけである、という重要な事実を見逃しています。

■3～5歳のときの情動記憶

コーチングに催眠などの手法が使えるのではないかと考えること自体、実際ナンセンスだといわなくてはならないのです。

情動記憶というのは、意外に古い記憶として存在します。

よく、「三つ子の魂百まで」という言い方をするように、3歳から5歳のときに爆発的に褒められたり叱られたりした記憶、あるいは痛いとか苦いとか体感した記憶などが情動記憶として残るケースが相当に多いのです。

TPIE®の子ども向けプログラムであるPX2®が重要視しているのは、まさにその点です。

子どものころに、すごく強烈な情動をつくると、それがその人の一生を縛ってしまいますよ、ということです。それを防ぐために、学校の先生や両親にPX2®のプログラムを教えているわけです。

TPIE®の場合は、子どものころの情動記憶がすっかり定着してしまった大人向けのプログラムです。もちろん、その強烈な情動記憶にどうやって対抗するかというプログラムでもあります。

その方法を端的にいえば、後に紹介するようにアファメーションとセルフ・トークのコントロール、そしてビジュアライゼーションです。

これらのテクニックを駆使して未来に対する臨場感を圧倒的に高め、過去のネガティブな情動記憶を一気に関係のないものにしてしまうということなのです。

それは同時に、ポジティブな未来の記憶をつくることによって、ゴールの達成、人生の成功に直結させる方法ともいえます。

UNIT4

人は過去に生きている

あなたは過去の中に生きています。

あなたの目の前の世界、そしてその延長線上としての未来＝ステータスクオは、すべて過去の情動によって決められています。あなたの目の前の世界は、ＲＡＳによって許容された過去の経験に基づく情報にすぎません。今日という日は、昨日のままであるということです。

あなたは過去の中で生きている！

私たちは、過去の中に生きています。

なぜならば、目の前の現実とその延長線上としての未来は、すべて過去の情動記憶が重要だと決めたものだからです。私たちは、情動記憶が重要だと決めたものしか、RASのフィルターによって受け取ることができません。そうでないものは、スコトーマによって隠されてしまうのです。

ということは、今日という日は昨日の延長であり、あなたは現在、過去に生きているということになります。今日が昨日と同じであるならば、明日は必要ないはずです。

私たちが明日を必要とするためには、まず、日々自分の目の前に見える、自分自身の現実世界について、ひとつひとつどういう情動記憶がかかわって、それを自分に見えるようにしているのか考え、判断することが重要です。

たとえば、ルー・タイスの講演会でよく行うことは、今見えている赤いものを全部、列挙してくださいという方法です。

そういわれても、赤いものがそんなにたくさんあるとは思えないのですが、会場の人が列挙した赤いものは意外なほど多く、それぞれに見えている赤いものにかなりの違いがあることに気づかされます。

同様に、ドクター苫米地ワークスからTPIE®に取り込んだトレーニング・プログラムのひとつに、2人の人に同じ方向を向いて椅子に座ってもらい、その同じ方向の中で目に入るものをそれぞれ黙って列挙するというものがあります。ぱっと見えるものを30秒あるいは1分という時間内にあげてもらうと、2人がずいぶん異なるものをあげるため、それぞれ見ている内容に大きな違いがあることがはっきりします。

このようなことが起こるのも、人が自分の情動記憶に結びついているものしか見ていないからです。

TPIE®では、実際に自分が今目の前に見ている世界と、隣の人が見ている世界が違うということをよく学ぶことが重要です。そして、自分に見えていないものがあったら、なぜそれが見えていないのかという理由を探すことが大切なのです。

■現実世界は記憶によってつくられている！

ところで、現実とは、マインドの内側の問題でしょうか、それとも外側の問題でしょうか。

人は、現実とは私たちの外側に広がっている物理的現実世界である、と考えがちです。しかし、認知科学の誕生によって、その物理的現実世界も、実は自分の記憶が生み出しているにすぎないものである、ということはすでに紹介した通りです。誰しも経験があると思いますが、マインドが変われば違った物理的現実世界が見えてくるということです。

つまり、現実とは、すぐれてマインドの内側の問題であるということです。ということは、**マインドの内側にある現実を変えれば、外側の現実も変わります。**

たとえば、あなたのマインドの内側にあるリアリティーの質と、外側にある仕事、結婚生活、富、人生とは密接な関係を持っています。

もちろん、貧しかったり、恵まれなかったりすることを認め、それでも楽しい人生を送れるじゃないかと開き直れば、世の中を見る目が変わるという話ではありません。

あなたのマインドにあるリアリティーを変えることによって、自分の人生を変え、達成したいゴールの世界を真に実現することができるということです。

■認知的不協和

この問題を、もう少し説明していきましょう。

心理学に、認知的不協和という言葉があります。

これは、人が認知している自分の内側の現実と外側の現実に矛盾が生じたときに、その不協和を解決しようとする心理状態のことです。

人間は、混乱なしに2つの対立する事柄をブリーフとして持つことはできません。ゲシュタルトはひとつしか維持できないからです。したがって、自分の内側の現実と外側の現実が合わなくなると、どちらかいっぽうに合わせてリアリティーをつくり変えてしまうのです。

たとえば、目の前のテーブルの上に財布があるのに、「財布をなくした」と思い、あわてた経験はないでしょうか。

「たいへんだ！　財布がない！」という強烈な思いがリアリティーになると、それが目の前にあっても見えなくなります。

自分自身の中のリアリティーによって、スコトーマが生み出されます。財布がないという内側の現実に、外側の現実を合わせるわけです。

同様のことは、仕事においても日常的に起こっています。

「仕事は嫌だ」「5時まで我慢すれば、後は自分の楽しい時間だ」という言葉を自分に対して繰り返し語っている人は、仕事を苦痛に感じるものしか見えなくなります。

会社や職場で、喜びにつながる物事に気がつかない状況が生まれるのです。

なぜなら、そのように設定されたマインドがスコトーマを生み出し、その設定から外れた情報を見えなくさせるからです。このような人は、周囲に対しても、そういうネガティブなリアリティーを形成するように働きかけてしまいます。

ここでも、認知的不協和が、マインドの内側にある現実に外側の現実を合わせようとするわけです。

とすれば、マインドの内側にある今の現実を変えることによって、マインドの外側あわてた経験はないでしょうか。

「たいへんだ！　財布がない！」という強烈な思いがリアリティーになると、それが目の前にあっても見えなくなります。

自分自身の中のリアリティーによって、スコトーマが生み出されます。財布がないという内側の現実に、外側の現実を合わせるわけです。

同様のことは、仕事においても日常的に起こっています。

「仕事は嫌だ」「5時まで我慢すれば、後は自分の楽しい時間だ」という言葉を自分に対して繰り返し語っている人は、仕事を苦痛に感じるものしか見えなくなります。

会社や職場で、喜びにつながる物事に気がつかない状況が生まれるのです。

なぜなら、そのように設定されたマインドがスコトーマを生み出し、その設定から外れた情報を見えなくさせるからです。このような人は、周囲に対しても、そういうネガティブなリアリティーを形成するように働きかけてしまいます。

ここでも、認知的不協和が、マインドの内側にある現実に外側の現実を合わせようとするわけです。

とすれば、マインドの内側にある今の現実を変えることによって、マインドの外側を送れるじゃないかと開き直れば、世の中を見る目が変わるという話ではありません。

あなたのマインドにあるリアリティーを変えることによって、自分の人生を変え、達成したいゴールの世界を真に実現することができるということです。

■認知的不協和

この問題を、もう少し説明していきましょう。

心理学に、認知的不協和という言葉があります。

これは、人が認知している自分の内側の現実と外側の現実に矛盾が生じたときに、その不協和を解決しようとする心理状態のことです。

人間は、混乱なしに2つの対立する事柄をブリーフとして持つことはできません。ゲシュタルトはひとつしか維持できないからです。したがって、自分の内側の現実と外側の現実が合わなくなると、どちらかいっぽうに合わせてリアリティーをつくり変えてしまうのです。

たとえば、目の前のテーブルの上に財布があるのに、「財布をなくした」と思い、のはあんたのほうだ」という人がいたら、その人とは決して話をしようとはしないでしょう。

まして、「2人でもっと話し合って、家庭の環境をリストラしろよ。そのためには、まず…」などと聞かされるとしたら、飲み屋のカウンターからそそくさと逃げ出してしまうのではないでしょうか。

夫婦関係を改善するためには、昨日までと違う何かをしなくてはならないはずですが、それを考え実行することなど、ふつうは眼中にありません。そうやって愚痴をこぼしていることが、コンフォートゾーンにいることであり、建設的な何かをしようとすれば、コンフォートゾーンから外れてしまうからです。

その結果、マインドを変えない限り、過去が決めた自分の意見や考え方は毎日コピーされ、強化されることになります。

もちろん、それとともにRASとスコトーマもますます強化されていきます。先の例でいえば、冷え冷えとした夫婦関係にまっしぐらということです。

そこで、**自分のマインドに誰が影響を与えるのか、誰の話に耳を傾けるのかという点については、よくよく注意しなくてはなりません。**

の現実も変わることになります。

つまり、「未来のゴールの世界のリアリティー」を「今ある現実のリアリティー」よりも高めることによって、あなたが感じる不協和が、ゴールの世界を達成するように導いてくれるということです。

■マインドの形成

ところで、人間は無意識のレベルで、同じ意見の人を求めたり、探したりするいっぽう、逆に自分の意見に反対したり、同意しない人を避けるのがつねです。

たとえば、愛し合って結婚した夫婦が、最初のうちこそ「あなたは立派よ」「いや、お前こそよくやってくれてるよ」と言い合っていたとしても、そのうちに正反対の真実を見て、「あなたが、そんなずぼらだとは思わなかったわ」「お前こそ、何もできないくせに」とケンカをするのはよくあることです。

夫は、仕事帰りに飲み屋に寄り、同じような境遇の仲間と「うちも、そうだよ」「女房には参ったよ」などとぼやきます。もちろん、「いや、女房は悪くないよ。悪い仕事への取り組み方や人に対する見方、自分自身の将来などの事柄について、他人があなたに与える情報をそのまま受け入れてはいけないということです。**自分のマインド形成は、自分自身で行うことが大切です。**決して他人にそれを委ねてはいけません。

ましてや、コンフォートゾーンを引きずり降ろそうとする人間（ドリーム・キラーといいます）、偏見を持った人間、あるいは危険な考え方を持った人間に、自分のマインドや知覚をプログラムさせるようなことがあってはならないのです。

UNIT 5

自分を過小評価していないか

ブリーフがその人のパフォーマンスを制約します。

認知的不協和をなくそうとするセルフ・レギュレーションは、無意識における自然で生得的なホメオスタシスの活動です。現状を維持するために、ブリーフに違反する新しいアティテュードと行動は、それがどのようなものであれ意識に表れることはありません。

ホメオスタシスのセルフ・レギュレーションに基づいて維持される現状のことを、コンフォートゾーンと呼びます。

■どうやってブリーフはつくられるのか？

ブリーフそのものは、情動記憶でつくられます。

ここでいうブリーフとは、いわゆる体験的な記憶としての信念と自分が言葉として聞いた情報を受け入れた結果としての信念との両方を合わせた内容を意味しています。

コーヒーにするか紅茶にするかといったとき、過去にコーヒーを飲んで苦かったからコーヒーを飲まないというのは、いわゆる直接的体験としての情動記憶によるものです。ふつう英語では、このような抽象度の低い無意識の判断をブリーフとはいいません。

たとえば、子どものころにお母さんから「コーヒーは身体に悪いから飲んではだめですよ」といわれて飲まなくなったというような場合に、ブリーフというのです。

しかし、お母さんが単に本で読んだ知識としてコーヒーは身体に悪いからやめなさいといったくらいのことで、人は大して重要なブリーフがつくられることはありません。

コーヒーを飲まないというブリーフは、コーヒーを飲むたびにカフェインが多いからやめなさいと叱られたというような情動が背後にあって、初めてブリーフになるわけです。

同様に、子どものころにコーヒーを飲んで、ひどく苦くていやな経験をしたというような場合にも、そのときの情動が、後にコーヒーを飲まないという無意識の選択をさせるようになります。

いずれにしても、コーヒーを飲まないという行為、あるいは「コーヒーにしますか、紅茶にしますか？」で紅茶を選ぶ無意識の選択は、情動記憶がもたらしているということです。

そして、そのような情動記憶によって、人それぞれのものの考え方や見方、つまりブリーフ・システムがつくられていくのです。

■現状維持しようとする

さて、ブリーフがその人のパフォーマンスを決定するということは、人がブリーフ以上の力を発揮することはできないということです。

なぜでしょうか。

それは、セルフ・レギュレーションの働きがあるからです。

人は、たえずセルフ・レギュレーションを繰り返す存在です。目の前の現状とその延長線上としての未来を維持するために、人は、ブリーフとブリーフ・システムに合致しない、あるいは違反する行動をとろうとはしません。

新しいことをしようとしても、それは現状を維持していかなければならないというセルフ・レギュレーションに防御されて、意識に表れることもありません。

なぜなら、ブリーフ・システムに違反することを受け入れると、それが新しいブリーフになり、目の前の現状が変わってしまい、今のゲシュタルトも崩れてしまうからです。

したがって、基本的には、ブリーフ・システムに違反する行動を起こさせようとしても、人はそれを認識することができないため、説得しようがありません。無理やりにそれを起こさせるか、偶然起きたとしても、本人にとってそれは何も起きなかったことのように認識され、記憶にも残らないのです。

こうした認知不協和をなくそうとするセルフ・レギュレーションは、人に生まれつき備わったホメオスタシス※の働きによるものです。

つまり、現状と現状のゲシュタルトを維持するために、人は無意識のうちに、ブリーフ・システムに違反する新しい行動をすべて排除しているということなのです。

■ブリーフを変えなければ元に戻る！

もし、ブリーフ・システムに違反する新しい行動が引き起こされたとしても、それはホメオスタシスによってすぐに元に戻されてしまいます。

たとえば、タバコが好きな人が一時的に禁煙しても、喫煙というハビットは消えず、再びタバコを吸うようになります。勉強が嫌いな子どもに勉強を強いても、勉強が好きにならないのと同じです。あるいは、肥満した人がダイエットして痩《や》せても、数カ月後には再び肥満に戻ります。太った人には、私は太っているというブリーフ・システムがあるわけですから、これも無理からぬ話です。

つまり、ブリーフを変えないで行動を変更しようとしても、それは必ず元に戻ってしまうのです。

※ホメオスタシス
恒常性維持機能のことをいいます。これは、生態をより長く生きながらえさせるために、生態の安定的な状態を維持しようとする傾向のことです。

それが、ブリーフ・システムによるセルフ・レギュレーションのカラクリということです。

これがコンフォートゾーンなのです。

コンフォートゾーンとは、自分にとってちょうどいい状態のことですが、それは同時にホメオスタシスによってそのまま維持される現状のことを指しています。

したがって、タバコを吸う人はタバコを吸うのがコンフォートゾーンにいることであり、勉強嫌いな子どもは勉強しないことがコンフォートゾーンにいることであり、肥満の人は太っていることがコンフォートゾーンにいることなのです。

それが、ブリーフがその人のパフォーマンスを制約する、ということです。人は、コンフォートゾーンを変えない限り、この制約から逃れる術はありません。

■間違いを修正する！

さて、経済状態でも健康でも、自分の基準を下回る状態だと認識した場合、人は、その〝間違い〟を修正するために創造的な行動をとります。

早い話が、発奮して仕事の成績を上げたり、慎重に節制して規則正しい生活を送ったり、努力をします。こうした自己修正機能は、自分の基準よりもずっと上回る結果に対しても、無意識のレベルで働きます。

自分の基準よりも悪い場合だけでなく、良い場合にも起こるということです。

たとえば、自分たちは負けると考えているチームが、得点でリードしているとき、そのチームのメンバーはどう考えているでしょうか。

もちろん、嬉《うれ》しい気持ちでいるに決まっています。

しかし、「どうも狐につままれたみたいだ」「うまくいきすぎだ。調子に乗っていると、とんでもない大逆転をやられてしまうぞ」といったことを次第に考え始めます。

その結果、集中力が途切れ、身体がうまく動かなくなり、凡ミスを繰り返すなど、無意識のレベルで試合の負けにつながる失敗をやり始めるのです。

なぜなら、個人であってもチームであっても、自分の基準を上回る結果を持続させようとすると、必ずストレスが起こります。

そこで、創造的無意識が働き、「自分（たち）らしい」状態へと引き戻すのです。

勝っている試合で大逆転され、上辺では「しまった！」と思ったとしても、その実、本来あるべき自分（たち）の状態に戻って、無意識のレベルではホッとしているのです。

この問題を解決するためには、マインドを変えること以外に方法はありません。十分だと思う基準をより高いところへ変えるということです。

マインドの変え方を覚えて、基準をまったく新しい次元に移動させることができれば、パフォーマンスの限界も大して気に留める必要はなくなります。いい結果が生まれるたびに、あなたはマインドを変え、自分の基準をより高いところに設定し直していけばいいからです。

コンフォートゾーン

自分にとってちょうどいい状態を維持しようとする

●太った人＝「太っている自分がちょうどいい」

↓

痩せても再び元に戻る

●得点でリードしている弱いチーム
＝「狐につままれているようだ…」

↓

凡ミスなど失敗が増えて結局負ける

ブリーフを変えなければ元に戻る！

UNIT6

セルフ・トークで自己イメージを高める

セルフ・トークがセルフ・イメージをつくります。

セルフ・イメージとは、ブリーフの集合です。セルフ・トークを繰り返すたびに、過去の情動や他人の意見があなたのブリーフの中に組み込まれ、それとともにコンフォートゾーンが決められていきます。

したがって、私たちは、私たちのセルフ・トークをコントロールしなくてはなりません。そうしなければ、セルフ・トークによって、私たちがコントロールされることになるのです。

■「ワーズ、ピクチャー、エモーション」

セルフ・トークは、ルー・タイス・プログラムのアファメーションにつながる非常に重要な要素です。セルフ・トークとは、「しまった！」とか「なんて俺は馬鹿なんだ」とか、自分の中で内省的にいってしまう独り言を指しています。

独り言といっても、それは言葉だけの問題ではありません。

ルー・タイスは「ワーズ、ピクチャー、エモーション」をつねに重視していますが、セルフ・トークにもこのことが当てはまります。

たとえば、フットボールの試合で選手がしくじった場面を、その選手に何度もビデオで見せるというのは間違ったコーチングのやり方です。なぜなら、何度も見せることによって、そのたびに「ワーズ、ピクチャー、エモーション」を喚起《かんき》し、しくじったことに対するその選手の臨場感を上げることになります。

その結果、選手のブリーフ・システムにしくじりを取り込ませてしまうのです。

もちろん、選手にスコトーマがあって、本人が気づいていないということがあるため、失敗を一度は見せて指摘することは必要でしょう。

しかし、それがすめば、失敗のシーンは二度と見せなくていいわけです。

セルフ・トークの言葉も、ピクチャーを喚起し、それがまさにそのときの五感の感覚を呼び覚まします。当然、その感覚は情動をともなっています。セルフ・トークは、まさに実際の体験を思い出す行為なのです。

ですから、自分が過去に失敗したときのことを思い出して、「しまった」と独り言をいえば、必ず「ワーズ、ピクチャー、エモーション」がくっついてきます。そのとき、脳で何が起こるかといえば、あたかもその失敗をもう一度体験したのと同じ臨場感が生まれるわけです。

こうしたセルフ・トークを繰り返せば繰り返すほど、その失敗はブリーフ・システムに組み込まれていきます。

それが、否定的なセルフ・トークが持つ問題なのです。

■セルフ・トークがセルフ・イメージをつくる！

セルフ・トークを何度も繰り返すと、それが自分とはこういう人間であるというセルフ・イメージをつくります。

セルフ・イメージとは、私たちが自我と呼んでいるものです。

実際には一度しか起こっていない出来事でも、そのことについてのセルフ・トークを繰り返すと、何度もそれを経験したと同じように、つい自分の自我に取り込まれてしまうわけです。

他人の意見も、同様です。他人の意見も、何度も繰り返しそれを聞かされることによって、セルフ・トークと同じ効果をもたらします。何度も聞かされる意見は、それが本当の事実と異なるものであっても、人間の無意識はそれを拒否しようとしません。「確かにそうかもしれない」というセルフ・トークを生み、それがセルフ・イメージの中にじかに取り込まれてしまいます。

そうすると、あたかもそれを体験したかのように、ブリーフ・システムに取り込まれ、自我ができてしまうということなのです。

他人の話を聞いているとき、人は、話している人の言葉に対して3倍の速さで自分自身に言葉を発します。それが、話がやんだときは、6倍の速さになります。

このマインドの内部で起こる会話は、煙のように消えてしまうことなく、脳の神経細胞に蓄積されていきます。

その結果、たとえそれが事実と異なる言葉であっても、そんなことはお構いなしに、あなたのブリーフが強固になっていくわけです。

■「あなたは事故を起こしやすい」

たとえば、ルー・タイスがたびたび紹介するのは、よく事故を起こす人の次のような話です。

奥さんが出勤しようとしている旦那さんに声をかけます。

「あなたは事故を起こしやすいんだから、運転に気をつけてね」

アメリカはクルマ社会ですから、実際このような言葉が日常的に多用されています。夫婦らしい気遣いの一言であることは確かなのですが、実はこれは非常に危険な一言になってしまうのです。

あなたは事故を起こしやすい、といわれると、旦那さんは「そうだ。俺は事故を起こしやすい人間だ」と、事故を起こしたときのことを思い出します。そして、そのときの体験を、「ワーズ、ピクチャー、エモーション」で再現することになるのです。

事故を起こすという臨場感が高まり、そのようなセルフ・イメージが強化されれば、当然、それが次の事故につながります。

したがって、「あなたは事故を起こしやすい人なんだから」といわれればいわれるほど、その人はますます事故を起こしやすい人になっていくわけです。

ネガティブなことを口にすると、その言葉は必ず、「ワーズ、ピクチャー、エモーション」をともなって過去の体験を思い出させます。実際の体験とは、五感の感触を含めたピクチャーとエモーションで成り立っているわけですから、セルフ・トークはまさに再体験するのと同じ効果を持っているのです。

■ネガティブ・セルフ・トーク

人は毎日、かなりたくさんのセルフ・トークをしています。ぼそぼそつぶやいたり、無言で心の中で反芻《はんすう》したり、その言葉は本人にとって取るに足りないものかもしれません。しかし、**一見ささいに思えるセルフ・トークが、自我をつくりあげるうえで、過去の失敗を何度も体験したのと同じくらいの強烈なインパクトを持つわけです。**

たとえば、交通事故を一度起こしたという自我を持つ人と、1万回起こしたという自我を持つ人とでは、想像を絶するほど大きな差が生じることを、よく考えてみてください。

みなこのことに気づかず、セルフ・トークの影響力を意外なほど過小に評価しているのではないでしょうか。

セルフ・トークの大半は、ネガティブな内容です。なぜネガティブ・セルフ・トークになるかといえば、人間はたいていネガティブなことしか記憶に強く残らないから

です。

たとえば、その典型が学習でしょう。ご存じの通り、人間の学習は失敗から生まれます。今でこそ成功に学ぶという方法論がありますが、実際に何かを試みる場合はやはり失敗から学ぶことになります。

当事者は試行錯誤し、失敗の積み重ねの中から成功をつかみとるわけです。

また、脳研究の成果から見れば、学習とは失敗とそれを修正しようとする、調整の繰り返しというふうにいえます。

その意味で、私たちに見えているものは、失敗の総合であり、目の前の現実世界は失敗の結果であるといえるでしょう。その失敗の結果から抜け出すことが、だからこそたいへんなのです。

ほとんどの人は成功した体験が強い情動記憶として残らないため、それはセルフ・トークになりません。

たとえポジティブなセルフ・トークをした場合でも、結果、強い情動がそのままではのらないのです。

■セルフ・トークをコントロールする！

したがって、私たちは自分のセルフ・トークをコントロールしなければなりません。これが、マインドを変えるための原則のひとつです。

そうしないことには、私たちがセルフ・トークによってコントロールされてしまうことになるわけです。

そのためには、まずネガティブなセルフ・トークをしないことです。

「自分はいったいどうなっているんだろう」といったネガティブなセルフ・トークは、完全に取り除かなくてはなりません。

なぜなら、たとえば「だから自分は馬鹿だといわれるんだ」という具合に答えてしまうからです。それがセルフ・イメージをいっそう下げることになり、さらには自分に対する自己評価を下げることになるからです。

その次に、**正しいセルフ・トークをすることがたいへん重要になります。**

それがゴールを実現する科学的で効果的なセルフ・トーク、つまりアファメーションということです。

効果的なセルフ・トークをすれば、新しいセルフ・イメージがどんどんつくられることになります。その結果、コンフォートゾーンが変わります。

コンフォートゾーンが変わるということは、スコトーマが外れ、今あるRASのフィルターも変わります。

つまり、今まで見えなかったものが見えてくるのです。

継続的に行うアファメーションは、マインドを変えるための非常に強力な手段です。周囲の人が話す内容を変えることはできなくても、自分自身への話しかけ方を変え、それを自分で維持していくことは誰にでもできることです。

人間は、過去の失敗や屈辱など、有害な体験にさかのぼっては繰り返し考え、そうすることによって現状のリアリティーを再生産し、強固にする生き物です。しかし、ネガティブなセルフ・トークを、どんどん有効なポジティブなセルフ・トークに変えていけば、その呪縛から逃れ、マインドを変えることができます。

そして、セルフ・トークをすべてゴールに対して肯定的な言葉に変えていくと、そのような自我がつくられ、スコトーマが外れてなすべきことも見えてきます。

逆に、自分を現状に縛りつけるような情報はスコトーマに隠れて見えなくなります。

だからこそ、セルフ・トークをコントロールし、ポジティブなものに変えることが、ゴールを達成する人になるための非常に重要なテクニックになるのです。

UNIT7

コンフォートゾーンは自己イメージが決める

セルフ・イメージがコンフォートゾーンを定義します。あなたのコンフォートゾーンは、あなたのセルフ・イメージの反映です。あなたのセルフ・イメージは、コンフォートゾーンの境界を定義します。

あなたのセルフ・イメージは、あなたのエフィカシー（自分の能力の自己評価）と実際のパフォーマンスを限定し、その結果としての未来を限定します。

私たちのブリーフは、セルフ・イメージを通して、私たちの潜在能力に限界を設けているのです。

■セルフ・イメージはサーモスタット

その人にとって心地よい領域、すなわちコンフォートゾーンは、セルフ・イメージによって決められています。

なぜなら、セルフ・イメージは、一種の調整メカニズムだからです。

セルフ・イメージはその人にとって重要なことの塊《かたまり》ですが、それゆえに人は、セルフ・イメージが崩れてしまうようなことを防いだり、避けたりします。その逆に、セルフ・イメージに合致することには進んで取り組みます。

つまり、セルフ・イメージは温度や湿度を調整するサーモスタットのようなものなのです。

室温を25度にセットすると、温度がそれを上回ったときにスイッチが入り、冷房が動き始めます。冷房が効いて25度を下回ると、今度は暖房のスイッチが入ります。こうして、部屋の温度は、設定温度の上下1度程度の幅で変動します。

この範囲にあれば、部屋はとても快適なわけですが、セルフ・イメージも、その人にとって快適な範囲の中、つまりコンフォートゾーンで行動したり考えたりするように調整メカニズムを働かせているということです。

また、どこまでが心地よい領域で、どこからがそうでない領域か、コンフォートゾーンの境界を決めているのもまた、セルフ・イメージにほかならないといえます。

■コンフォートゾーンの作用

さて、コンフォートゾーンが人間にどのような作用をもたらすかを考えてみましょう。

自分がコンフォートゾーンから外れていると感じたときは、落ち着かない気持ちになります。これが原因で、人は何かにつけ失敗をするようになります。

たとえば、つまずく、机のものを落とす、コーヒーをこぼすなどです。面接の準備をすっかり整えて、話をする内容までしっかり決めていたのに、いざその場になると、話そうとしていたことがまったく思い浮かばなくなるなどもそうです。

面接官の態度や雰囲気から、自分がコンフォートゾーンから外れていると感じるからです。

コンフォートゾーンの外にいると、自分の記憶から情報を引き出すことすらできなくなるという典型的な例といえます。また、コンフォートゾーンの外にいると、情報のインプットも遮断されます。何かを指示されたり、説明を受けたりしても、その内容をきちんと受け取れなくなるのです。

これは単純に、コンフォートゾーンの外にいるというだけの理由なのですが、その結果、恥ずかしい思いをして、苦手意識が生まれて、新しいことを遠ざけてしまうこともよくあることです。

さらに、コンフォートゾーンから外れたときは、肉体的な緊張も生まれます。たとえば、声がうわずる、動作がぎこちなくなるなどです。胃液の分泌も過多になり、そのせいで胃痛が生じることもあります。

■自己評価とコンフォートゾーン

こうしたコンフォートゾーンの作用は、人間の自己抑制機能の働きを促します。

まず、人が自分の能力を自己評価するときのことを考えてみましょう。

自分の能力に対する自己評価は、当然、セルフ・イメージによって決められます。とすると、その評価がコンフォートゾーンを外れたところにあるはずはありません。どのような自己評価を自分に対して持っているとしても、それは必ずコンフォートゾーンの中にある、ということなのです。その自己評価に対して、結果が自分のイメージよりも低すぎると、不安や緊張が生じます。

それがサーモスタットのスイッチの役割を果たし、無意識のレベルで「元のところへ戻ろう」とするのです。

たとえば、預金口座の残高が、自分が想定していたよりも少なくなっていれば、慌てますし、落ち着かなくなります。テストの点数が低すぎた場合や、友達に何か悪いことをしてしまった場合でも同じです。

それがサーモスタットのスイッチの役割を果たし、クレジットカードを使うのはよそうとか、もっと勉強に励もうとか、友達に自分らしい謝罪の言葉を伝えようとか考えて、実行するようになるでしょう。

ここで重要なことは、結果が想定よりも高すぎるときも、不安や緊張が生じ、同じような自己抑制メカニズムが働くという点です。

つまり、人は、自分が緊張や不安を感じることなく自然に行動できる範囲＝コンフォートゾーンの中に納まるように、無意識のレベルで自己抑制機能を働かせているということです。

自己抑制機能そのものは決して悪いわけではありません。しかし、それが自分のパフォーマンスを限定することも確かです。

なぜなら、コンフォートゾーンの存在が、あなたの潜在能力を解き放つ足かせになっているからです。コンフォートゾーンに制約されている限り、あなたはその範囲の中でしか能力を発揮することができない、ということになります。

こうした自己抑制機能に制約されずに自分を高めるには、自分自身に対する想定や期待のレベルを上げていくことが必要です。

そのために、マインドを変え、コンフォートゾーンを広げ、あるいはコンフォートゾーンを高めていくのです。そのための方法が、アファメーションとセルフ・トークのコントロール、そしてイメージを心の中で描くビジュアライゼーションです。

今の自分よりもはるかに高いゴールの世界の自分に、強いリアリティーを持たせることによって、マインドにある自分自身の基準を引き上げていくということです。

UNIT8

他人の言動を選別する

誰の意見を聞くか気をつけましょう。

誰があなたのセルフ・イメージとあなたの限界をつくっているのでしょうか。それがたとえ誰であろうとも、あなたのセルフ・イメージは、あなたの過去のパフォーマンスに対する他人の評価によってできており、未来の可能性に対する評価ではありません。

■誰の話を聞くかが重要

セルフ・トークがセルフ・イメージを決め、セルフ・イメージがコンフォートゾーンを決めるということを考えると、注意すべき点は、誰の意見を聞くかということです。

もともと人は、最初から自分でセルフ・トークをつくるわけではありません。ほかの人からいわれたことを取り込んで、自分のセルフ・トークにしてしまうのです。

自分が子どもだったころのことを思い起こしてみてください。

批判的になったり懐疑的になったりすることなしに、自分の周りの状況を当たり前のこととして受け入れていたと思います。

たとえば、男の子であれば、父親や近所のおじさんの仕事や生活ぶりを見て、自分の将来を想像していたことでしょう。自分の能力や個性ではなく、周囲にいる人たちのリアリティーを通じて自分の人生を考えていたはずです。

それは、彼らの言葉によって、自己像をつくることと同じです。

このようにして自分の中に親や周りにいる大人たちの言葉が蓄積されていきます。

そして、それがセルフ・トークの原型になっていくのです。

ここで注意すべき点は、あなたに何かをいう相手は、現在までのあなたの過去に基づいて話をしているのであり、決してあなたの未来のことを知って話しているわけではないという点です。

つまり、誰かがあなたについて話す内容はすべて、あなたの過去に対する指摘であり、評価であり、イメージであるということです。

■ドリーム・キラー登場

たとえば、学校の先生が進路指導を行うときに、その学生の成績表に基づいて、君はこの大学に進むのがふさわしいとアドバイスします。それは、あくまで今日までの試験の点数に基づくアドバイスであり、そこに明日からの試験の点数が含まれているはずがありません。

学生が、私は医者になりたいとか、東大に入りたいとか、成績以上の進路を望めば、学校の先生は「君には無理だ」ということを率直に伝え、現状の評価に合った違う道を教えてくれるわけです。

なぜなら、多くの先生は、その学生の現状を徹底的に冷静に分析し、今の能力で達成できるゴールをあてがうことを目的にしているからです。

学校の先生だけでなく、両親、あるいは妻、良識のある友人や先輩、そうした人々はほとんどの場合、あなたの現在までの能力をきわめて客観的に評価し、妥当と思える意見をいうことでしょう。

実は、そういう人々はすべてドリーム・キラーです。

どんなにあなたの話に一生懸命耳を傾け、あなたのためを真剣に考えて受け答えしたとしても、彼らは必ずドリーム・キラーになっているのです。

なぜなら、彼らはすべて今日までの現状をベースに、その延長線上の未来をあなたに進言します。

そのようにして現状の延長線上のステータスクオを評価されてしまうと、それはあなたのポテンシャルを低下させるだけでなく、コンフォートゾーンも低下させることになってしまうからです。

もちろん、彼らが下す客観的な評価と結論は、現状を把握する目安にはなるでしょう。

しかし、そうした親身の意見でさえも、私たちはそれを鵜呑《うの》みにしてはなりません。大切なことは、自分が望む未来、自分自身が選ぶ未来に、しっかりと焦点を定めることです。

■他人の話は聞かない！

ここで大切なことは、人はたいていの場合、自らの意思ではなく他人の影響力の下に、不十分な生き方をしているということです。自分の意思で成長や成功を遠ざけているわけではなく、あなたという人間について語る周囲の人々によって、いつのまにかそうさせられてしまっているのです。

繰り返しますが、言葉によってイメージがつくられ、それが記憶に定着します。その記憶には、情動が載っていて、その感情を含めたすべてがリアリティーをつくっていきます。

セルフ・トークによってそれを思い出せば、その体験が記憶の中から引っ張り出され、何度もマインドの中に刻み込まれます。

スポーツのコーチが試合の様子をビデオに記録し、プレーの詳細を選手に見せる指導方法がありますが、これはすでに古い方法です。先に触れましたが、負け試合や失敗のビデオを繰り返し見せるとすれば、選手に決していい影響を与えません。

選手に失敗を繰り返させないためには、過去の失敗のリアリティーに選手がとどまることをやめるように、ビデオの映像を置き換えることなのです。

人生の成功、ゴールの達成においても、まさに映像を置き換えることが鍵です。現在の状況に関係なく、将来の状態を見ようとすることです。

これを自分自身で行い、周りの人々を引っ張っていくことです。

そのためには、他人が自分についていう言葉に耳を貸すことなく、自分が望む未来に焦点を合わせてセルフ・トークをコントロールすることが、たいへん高い効果を生むということなのです。

■セルフ・トークの4ステップ

セルフ・トークには、4つの段階があります。自分が望む未来を実現するためのには、以下の第1から第3の段階を経て、第4段階に到達しなくてはなりません。

第1段階は、「無理だ」「できるわけがない」というあきらめです。過去のセルフ・イメージがもたらすネガティブなセルフ・トークであり、多くの人がこれによって縛られています。まずこの状態から脱することが必要です。

第2段階では、「〜するべきだ」「〜であったらいいなあ」という目的論的なものが生まれてきます。しかし、問題を解決する手段がないため、この段階のセルフ・トークでは何の変化も起こりません。

第3段階では、「もうこんなことはやめよう」「こんな状態から抜け出そう」などの〝誓い〟が生まれてきます。この段階になると、目標に向かい、問題を解決している自分のイメージを探し始めます。

「こんな状態はもういやだ」というセルフ・トークから、「では、どうするのだ」という問いかけが生まれるからです。その問いかけに対して、現状とは違う新しいイメージがないと先へ進めないため、それを探し始めるわけです。

第4段階は、探している新しいイメージについてのセルフ・トークが生まれる段階です。ここまでくると、「次はこうする」あるいは「明日はこうありたい」という、まったく新しい次元に向けたセルフ・トークを行うようになります。しかも、それが表しているのは、単なる願望ではなく、今この場でそれが実現しているかのようなリアリティーを持つ未来です。

第4段階に到達すれば、あなたのゴールの世界に向けてRASがオープンになり、スコトーマも外れます。

もちろん、周囲にはあなたを現状に引き戻すような言動をする人がたくさん出てくるでしょうが、自分が向かう方向と一致しない他人の言葉は、きっぱりと拒絶してください。自らのリアリティーは、自分自身でつくるのです。

最後に、迷ったときに誰のいうことを聞いて参考にすればいいのか、という疑問にお答えしておきましょう。

端的にいえば、それはプロのコーチです。

それが意味するところは、プロのコーチ以外の人の意見を聞いて自分のセルフ・トークをつくってはいけない、ということです。

もちろんここでいうコーチとは、TPIE®やPX2®のような専門のプログラムを履修したコーチだというのはいうまでもありません。

セルフ・トークの4ステップ

第1段階

「無理だ」「できるわけがない」
過去のセルフ・イメージに基づくネガティブなもの

↓

第2段階

「〜するべきだ」「〜であったらいいなあ」
目的論的なものだが、問題を解決する手段がない

↓

第3段階

「もうこんなことはやめよう」
「こんな状態から抜け出そう」
目標に向かい、問題を解決している自分のイメージを探し始める

↓

第4段階

「次はこうする」「明日はこうありたい」
単なる願望ではなく、今この場でそれが実現しているかのようなリアリティーがある

言葉⇒イメージ⇒記憶⇒リアリティーをつくる！

UNIT9

ハイ・パフォーマンスの実現

高いパフォーマンスはコンフォートゾーンにいるときに生まれます。

コンフォートゾーンの内にある事柄は、おのずと〝want to〟の対象になり、自然にかつ生得的に高いパフォーマンスが得られます。そこでは、あなたの創造的無意識が、問題を解決するための新しい方法を見つけてくれます。

あなたは、それが〝want to〟であるがゆえに、自然に最良のパフォーマンスが生み出されることを望むのです。逆に、〝have to〟あるいは強制された事柄は、予想されないスコトーマを生み、その結果、危険なミスと低いパフォーマンスをもたらします。

■高いパフォーマンス

人が高いパフォーマンスを示すときは、つねにコンフォートゾーンにいるときです。逆にいえば、コンフォートゾーンにいる人は、当たり前のことのように高いパフォーマンスが出てくるのです。そのとき何か問題が生じたとしても、創造的無意識が勝手に解決してくれます。

では、逆にコンフォートゾーンから外れたときは、どうなるでしょうか。

そのときは、いきなりスコトーマが生じるため、周囲の人に想像がつかない間違いをし始めます。想像がつく間違いは、周囲の人が気をつけることで回避することができます。「あの人はときどきとんでもない計算ミスをするから、もう一度みんなでチェックしておこう」という具合です。

ところが、想像がつかない間違いは、それを防ぐことができません。周りの人には見えていることが、本人には見えないわけですから、見えている人が「そんな、馬鹿な。ありえない！」と唖然《あぜん》とするようなミスを起こすわけです。

そのため、仕事をするにしても、一緒に余暇を楽しむにしても、リスクが急に大きくなります。もちろん、パフォーマンスは急激に低下します。

■ホームとアウェイ

コンフォートゾーンにいるときと、そこから外れたときとの違いは、ホームとアウェイの違いと同じです。

ホームにいるときとは、たとえば自分の集落で味方と一緒にいるような場合です。いっぽう、アウェイにいるときとは、たとえば山に狩りに出かけるような場合でしょう。

アウェイにいるときは、周囲の状況が把握できないし、いつイノシシや熊などが襲ってくるかもわかりません。そんなとき、人は呼吸も上がり身体的にたいへん緊張し、交感神経が優位になるのがつねです。そういう状況の中では、まず身体が自由に動きません。加えて、抽象度の高い思考もできません。

抽象度が上がってしまうと、目の前にイノシシを見つけて「獲物がいた」と反射的に走っていったり、あるいは現れた熊を見てあわてて逃げていったりという瞬間的な判断ができなくなるからです。

このイノシシは小さいけれどもしかしたら後ろにナイフを隠し持っていて危ないかもしれないとか、この熊は特別に友好的な熊で襲ってこないかもしれないといったことを考えていたら、イノシシには逃げられ、熊には襲われてしまうでしょう。

つまり、生物は、アウェイでは抽象度の低い、本能的な判断を行い、すばやく行動を起こせるようにつくられているのです。

■サルとヘビ

このことはサルの脳の扁桃体《へんとうたい》にヘビを認識する細胞があることからもわかります。ヘビを認識する細胞は、山から人里におりてきたサルの撃退法としてヘビのおもちゃが有効だったことを手がかりに研究され、サルの扁桃体の情動をつかさどる細胞の中から発見されました。

サルは賢くて撃退する有効な方法をなかなか見つけることができなかったのですが、ヘビのおもちゃを群れに投げ込むと、彼らは一目散に逃げ出します。命の危険からすばやく逃れられるように、サルはヘビを認識したら即座に逃げ出すようにつくられているということです。

このように、生物は生まれながらにしてホームとアウェイとを完全に分けて行動するようにつくられています。そのせいで、アウェイでは必ず呼吸が速くなり、筋肉が硬直し、心拍数も上がり、逆に、運動パフォーマンスは下がります。

また、アウェイでは、ホームにいるときに徹底的に練習したことしかできません。サッカーでも武道でも、どれもみなそうです。

ですから、選手たちは、自分なりの方法でホームで動きを徹底的に練習し、アウェイではそれに近い動きができるように訓練を繰り返します。

試合で戦う相手よりも強い相手に勝てるほどに鍛錬《たんれん》して、初めてアウェイで戦えるのです。

これが、人がコンフォートゾーンから外れたときのアウェイのカラクリというわけです。

■コンフォートゾーンに引き戻される！

アウェイで抽象思考ができなくなることは、それはそれで正しいことです。たとえば、イノシシを捕まえるときに、笹で足を切ったら痛そうだとか、砂利を踏んだら痛そうだとか、そんなことを考えている余裕はありません。一切躊躇《ちゅうちょ》せずに、足の裏から血を流しながら走るからこそ、イノシシを捕獲できます。抽象思考ができなくなり、本能的に動くとはそういうことなのです。

しかし、ビジネスの現場では、そうしたアウェイの状態に甘んじて身を委ねているわけにもいきません。とはいえ、コンフォートゾーンから外れたところでもふだん通りに動けるよう、コンフォートゾーンの中で徹底的に訓練することもできません。状況が刻一刻と変わる現代社会では、あらかじめすべてを訓練しようとすることはまず不可能なことです。

また、コンフォートゾーンから外れているときは、創造的無意識が逆向きに働きます。「困難なことをやるべきではない」「新しい仕事を探すべきではない」など、新しい課題に取り組まないですむ、もっともな理由をマインドが「クリエイティブ」につくりだし、あなたや仕事のチームをコンフォートゾーンに引き戻そうとします。

これはマインドがそうさせているだけのことで、本来は新しい課題に取り組んだほうがいいに決まっています。

しかし、こういう場合は新しい課題に取り組んでも、創造的無意識が逆向きに働いて、いい結果が生み出されることはありません。

「ほら、やっぱりダメじゃないか。だから、最初からやめたほうがいいといったんだ」というような結論に落ち着くことは目に見えています。

■ビジュアライゼーション

では、どうすればいいのでしょうか。

一言でいえば、アウェイをコンフォートゾーンにすればいいということです。

そのための方法が、アファメーションとセルフ・トークのコントロール、そしてビジュアライゼーションによって、コンフォートゾーンを広げ、あなた自身の基準を高めていくことです。

とくにこの場合、ビジュアライゼーションによって、今までコンフォートゾーンの外側にあった世界をなじみのある安全な場所にしてしまうことは、たいへん有効です。想像力を正しく使うことを身につければ、これは誰にでも実現可能なことなのです。

あなたが「しなくてはならない」「するべきだ」と感じているときは、コンフォートゾーンから外れているときです。コンフォートゾーンを広げ、自分に高い基準があるときは、あなたにとってすべてが「そうしよう」「やってみたい」事柄になります。

コンフォートゾーンを継続的に広げていけば、つねにクリエイティブに物事を考えることができるようになります。同時に、リラックスして自由な動きができるようになるのです。

ハイ・パフォーマンスを実現する

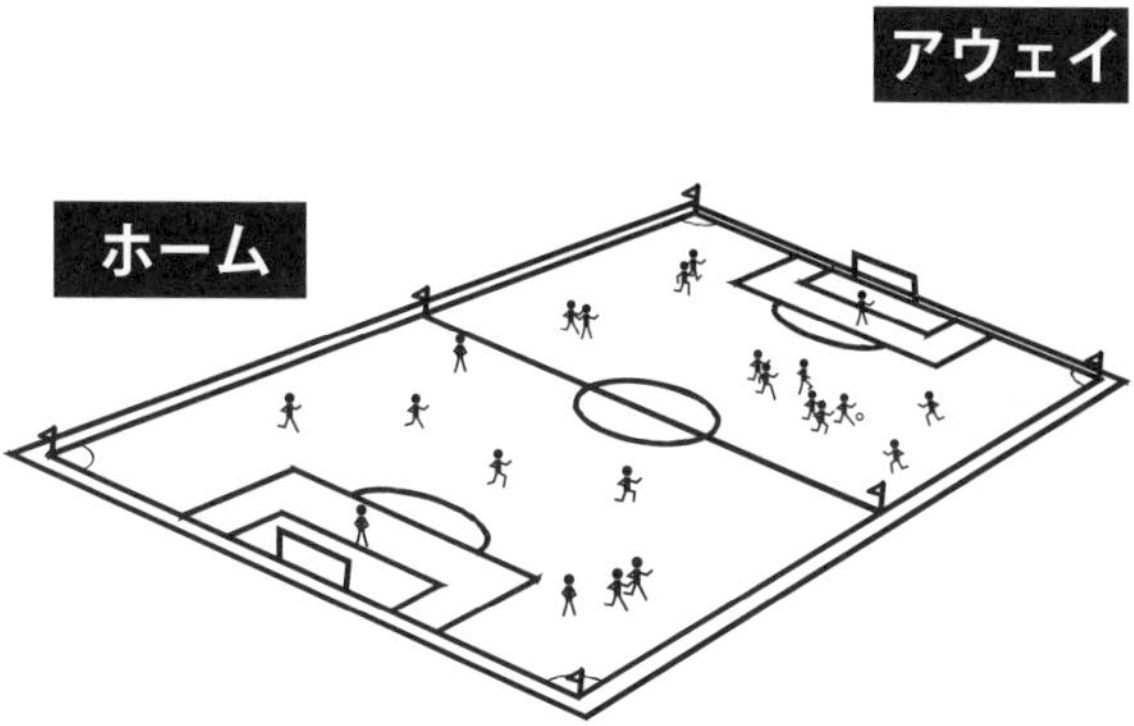

ホームにいるときは、高いパフォーマンスを出せるが、アウェイでは思うように動けない…

➡ **コンフォートゾーンも同じ！**

アウェイを
コンフォートゾーンにする！

そのためには…

★アファメーション

★セルフ・トークのコントロール

★ビジュアライゼーション

UNIT 10

エネルギーと創造性の源

エネルギーと創造性は、ゴールから放出されます。

あなたには、2つのコンフォートゾーンがあります。ひとつは過去の情動記憶に基づいたものであり、もうひとつは未来のゴールに基づいたものです。人間はつねに脳の指令によって動いているため、ゲシュタルトはひとつしか選ばれません。あなたは、どちらのゲシュタルトが選ばれることを望むでしょうか。放出されるエネルギーと創造性が、このゲシュタルトの衝突を解決します。

2つのコンフォートゾーンの衝突が、内なる衝突をつくり、問題の解決に導きます。自然なホメオスタシスによって、エネルギーと創造性が衝突を解決すべく放出されるからです。要するに、ゴールのコンフォートゾーンが現状のコンフォートゾーンよりも活力に満ちていれば、新しい創造的なアイデアと解決策がゴールの達成を導くのです。ゴールがより大きければ、この衝突もより大きいものになり、それゆえにゴールを達成するエネルギーもより大きなものになります。

■ゲシュタルト心理学

ゲシュタルト心理学で明らかにされていることは、人間は外部の情報が内面のリアリティーに一致するよう秩序を求めるということです。

ふつう人は、個人でも、組織でも、いろいろな物事について「こうあるべきだ」「こうなるべきだ」というリアリティーを持っています。それが現時点でのコンフォートゾーンです。このリアリティーと異なる情報があると、それはマインドにとって問題になります。

そして、マインドが想定している情報と外部の情報にある齟齬《そご》を修正し、秩序を回復しようとするのです。

たとえば、運動不足が続いておなかが出っ張ってきたら、何とかそれを解消しようとします。これは何もマイナスのことが起きたときに限りません。

朝起きて鏡を見たら、自分の顔がキムタクや宮沢りえのような美男美女に変身していても、「やった！　万歳」とは思わず、やはり「これはまずいな」と感じるわけです。

組織でもそうです。想定していたよりも業績がぐっと落ち込むと、上からの命令が出る出ないにかかわらず、社員に経費節約の意識が瞬く間に広がります。社員1人ひとりが「これはまずい」と感じるからです。

このように秩序を回復しようとするエネルギーは、外部の情報と内面のリアリティーに差があればあるほど、大きくなります。

先の例でいえば、おなかが出っ張ることよりも、顔がキムタクや宮沢りえになっていた場合のほうが、慌て方も大きいでしょうし、それを元に戻そうとするのにたいへんな作業がいるでしょう。

しかし、人は自然とそれをやってのけます。

外部情報と内面のリアリティーの差に隔たりがあればあるほど、人は強いエネルギーを生み出し、無意識が問題を解決しようとするからです。これは、人間のホメオスタシスの作用によるものです。

私たちがゴールを設定すれば、現状のゲシュタルトとゴールのゲシュタルトには当然、差が生じます。秩序を回復しようとするゲシュタルトの働きを使えば、ゴール設定の仕方いかんで、私たちにより大きなエネルギーが生まれることになります。

差が大きければ大きいほどエネルギーが生まれるわけですから、それはすなわち、高いゴールを設定すればするほど、ゴールに向かって進もうとする、より大きなエネルギーが生まれることになるわけです。

現状を壊す！

もちろん、エネルギーだけでゴールを達成できるわけではありません。そのためには、アイデアも必要です。アイデアとは、つまり、ゴールを達成するための創造性です。

人が創造性を発揮するときは、混乱と無秩序の中にいるときです。もし状況が、すでに自分が想定する〝あるべき姿〟であったとしたら、私たちの無意識は創造性を生み出したりしません。

混乱と無秩序の状況にいるからこそ、無意識のレベルで創造性が発揮されるのです。

では、創造性を発揮するために、私たちはどのような方法をとればいいでしょうか。それが、私たちがゴールを設定するにあたり、意図的に今の現状を一度壊すという方法です。**ゴール設定によって、混乱を引き起こし、秩序を回復するためのエネル**

ギーと創造性を生み出すのです。

現状の壊し方とは、現状のゲシュタルトにゴールのゲシュタルトを投げ込むだけのことです。

ゴールの世界のリアリティーを強め、ゴールを達成し、満足している自分に強いリアリティーを感じるようになれば、ゴールのゲシュタルトが選ばれ、現状のゲシュタルトは壊れてしまいます。

壊れたゲシュタルトを回復しようとしても、ゴールのゲシュタルトに強いリアリティーを感じている以上、現状のゲシュタルトが回復されることはありません。

そのとき人間は、ゴールのゲシュタルトを実現するようにエネルギーと創造性を発揮し始めるのです。これもまた、人間のホメオスタシスの作用です。

■リアルであるほうが選ばれる!

このとき重要なことは、ゴールのゲシュタルトが、現状のゲシュタルトよりも、よりリアルでなければならないという点です。

もし、ゴールのゲシュタルトがリアルでない場合は、2つのゲシュタルトのうち、もともとリアルな現状のゲシュタルトが選ばれてしまいます。すると、秩序を回復する働きによって、現状のゲシュタルトが回復されることになり、これでは元の木阿弥《もくあみ》です。

もちろん、ゴールのほうがリアルでなければ、エネルギーも創造性も生まれるはずはありません。現状のゲシュタルトに対して、ゴールのゲシュタルトにリアリティーがなければ、それは単にあなた自身によって無視され、現状のゲシュタルトがそのまま維持されるだけということになります。

現状のゲシュタルトを壊すためには、非常にリアルかつたいへん違和感のあるゴールのほうのゲシュタルトをつくる必要があります。

リアルかつ違和感のあるゲシュタルト、というと、なかなかピンとこないかもしれません。リアルであって違和感があるというのは本質的には矛盾することですが、私が意味するところは次のようなものです。

たとえば、現状で年収500万円の人が、年収1億円の生活をゴールにしているとしましょう。そのゴールをリアルに感じるというのは、「実際私はすでに年収1億円

の生活をしています」という自分の世界観をつくることです。

この年収1億円のゲシュタルトがリアルなものになると、いっぽうで、年収500万円というゲシュタルトとの間にたいへんな違和感が生じることになります。なぜなら、現状の自分の身の周りは、何から何まで年収500万円の世界にすぎないからです。

これが、リアルかつ違和感のあるゴールの一例です。

もちろん、物理的現状よりも高いリアリティーを想像の世界につくるというのは、生半可《なまはんか》なことではありません。それを構築するために、アファメーションという技術を使い、ゴールの世界のリアリティーを上げていくわけです。

あとは、ゴールのゲシュタルトを現状のゲシュタルトに投げ込んだとき、どちらのゲシュタルトが選ばれるか、リアリティーの強いほうが選ばれるということなのです。

■ゴールは達成していると思いなさい！

ただし、私の現状は年収500万円だけれども、3年後には年収1億円を稼ぐのが夢で、「俺は絶対1億円稼げるようになってみせる！」という強い思いを抱くのでは何にもなりません。

なぜなら、今年収500万円の人が3年後に1億円を稼げるとイメージすることは、無意識にとっては、今の現状でいいということです。つまり、現状を維持すれば3年後には1億円を稼げるというような現状肯定を無意識に生み出してしまいます。**単純に、現状を維持すればゴールを達成できるというのは、馬の口にすでにニンジンが入って食べているのと同じことです。**

現状を続けていれば、そのまま食べることができるじゃないか、ということになり、ゴールのゲシュタルトを投げ込んだとしても現状のゲシュタルトが壊れることはありません。

現状のゲシュタルトを壊し、ゴールのゲシュタルトが選ばれるようにするためには、現状ではダメだという現状否定のもとに、想像の世界にリアリティーをつくりだす必要があるのです。

私はよく、**「ゴールはすでに達成していると思いなさい」**といういい方をしています。

今年収500万円の人が、私はすでに1億円稼いでいると感じないといけないということです。現状のゲシュタルトを壊すためには、すでに私はニンジンを食べているのだ

リアルであるほうが選ばれる

「ゴールは達成している！」

と思うことで現状のゲシュタルトを壊す！

× **「俺は絶対１億円稼げるようになってみせる！」**

○ **「俺は１億円稼いでいる！」**

けれども、それは現状ではない、というリアリティーをつくることが重要なのです。

そのようにすれば、あなたは現状に不満を感じるようになります。無意識のレベルで「これはまずいな」と感じ、自分の内側にあるゴールのリアリティーに向かって、秩序を回復しようと創造性を発揮し始めます。

その結果、ゴールを達成するためには何をすればいいかということがはっきりと見え、そのための行動を無意識のレベルで選択するようになるのです。

このことをよく理解することができれば、あとはゴールの設定をしっかり行い、アファメーションやビジュアライゼーションを使って臨場感を上げていくことで、リアルなゴールのゲシュタルトをつくることが可能なのです。

■リアル・ゴールのつくり方

一口にリアルなゴールのゲシュタルトをつくるといっても、そのつくり方にはコツがあります。

先に述べたように、ゴールはすでに達成しているというくらいのリアリティーを必要としますが、それが比較的やりやすいかやりにくいかは、ゴールの種類によっていささか異なります。

たとえば、私のゴールは「世界の戦争と差別をなくすこと」です。

このとき、もはやこの世に戦争と差別はないというリアリティーをつくろうとしても、目の前を見渡せば戦争と差別だらけですから、まず無理というものでしょう。しかも、抽象度が高いため、世界から戦争と差別が消えた状態というのもきわめてイメージしづらいのです。

実は、抽象度の高いゴールは、どうあがいてもリアリティーが生まれてきません。だからこそ、そのためにアファメーションの技術が必要になるといっても過言ではありません。

抽象度の高いゴールの場合は、自分がすでにそのゴールを達成する能力を持つ人間である、というリアリティーをつくることが大切です。あるいは、ゴール達成の中間地点における自分のあるべき姿をイメージし、すでにそこまで達成しているというリアリティーをつくることが必要になるでしょう。

また逆に、ゴールの抽象度があまり高くなく、たとえば3年後など、比較的近い将来にゴールを想定する場合は、別の問題が生じます。それは、大きなエネルギーと創造性を生み出すためのテンションの問題です。

テンションというのは、輪ゴムを引っ張ったときのテンション、つまり引っ張る力です。ゴールが比較的たやすいものだと、緩んだ輪ゴムのテンションが小さくなるように、ゴールを達成する力も弱まります。

本来ならば、高くて遠いゴールを設定し、あたかもそこにかけた輪ゴムの強力なテンションで引っ張り上げるようにして、ゴール達成へと進んでいくのがベストです。

ところが、比較的に抽象度が低く、近い将来のゴールを設定したときは、もともとテンションが低く、さらにゴールが近づくたびにテンションが下がってしまうものです。

「もう来年には達成できる」と思ったときは、それがすでにゴールではなく、現状の肯定であることに気づかなくてはなりません。

そこで、近い将来のゴールを設定したときは、ゴールが近づいてきたときに、もう一度、その先に新しいゴールを設定することが必要になるでしょう。

もちろん、新しいゴールの臨場感を上げるために、アファメーションもどんどん変えていかなくてはならないということです。

■イメージの力

このユニットの最後に、イメージの力について述べましょう。

マインドというものは、エネルギーや創造性が発揮されたとしても、それを使って進む方向性までは生み出してくれません。未来に望む方向へ進むことも、古い現状に戻ることも、マインドにとっては同じことなのです。

したがって、エネルギーや創造性をどちらの方向に向かう力に変えるのかということが、重要なポイントになります。

マインドに方向性を決定させるのは、イメージです。

新しい発想があったとしても、従来の状況に対してより強いイメージを描いているなら、エネルギーと創造性のすべてが元の状態に戻るために使われてしまいます。

逆に、未来の状況に対してより強いイメージを描くことができれば、それはすべて未来に進むために使われるのです。新しい未来のイメージが強固で、マインドの中で支配的になっているなら、その世界は従来のコンフォートゾーンの外にある新しいコンフォートゾーンです。

新しいコンフォートゾーンにいるあなたのイメージと臨場感を強めていけば、現状のコンフォートゾーンは新しいコンフォートゾーンから外れ、マインドの内側の情報と外側の情報が一致しなくなります。

すでに述べたように、あなたは現状を「これはまずいな」と認識し、無意識のレベルで新しいコンフォートゾーンの秩序を回復しようとするわけです。

このマインドの仕組みを利用するためには、未来のゴールの世界に対する強固なイメージをつくっていかなければなりません。そこで、アファメーションもそうですが、ビジュアライゼーションが鍵になります。

ビジュアライゼーションの方法は、ユニット17の「未来の記憶をつくる」で詳しく述べますが、ここではイメージの強さがマインドに方向性を選択させるということを、しっかり覚えてください。

UNIT 11

現状を超えたゴール設定

ゴールは、ステータスクオの外側に、あるいは従来のコンフォートゾーンの外側に設定しなくてはなりません。

もし、ゴールをステータスクオの内側に設定するとすれば、それはあなたの未来の可能性を単に限定するにすぎません。未来の可能性を限定するばかりでなく、それ自体があなたのスコトーマをより強くし、あなたの明日をまるで昨日そうであった世界のようにしてしまいます。

それゆえに、ゴールは、あなたの現状のセルフ・イメージを超えたところに、あなたの現状のセルフ・エスティームを超えたところに、さらには他人があなたにあなたのことについて話す内容を超えたところに、設定されなければなりません。

■高いゴールを設定する理由

現状よりもずっと高いレベルにゴールを設定してくださいというと、ふつうの人は、現実的ではないと考え、尻込みするかもしれません。上司や先輩であれば、「そんな夢みたいなことを考えていないで、もっと地道なことを考えろ」というでしょう。

あなたのためを思ってのアドバイスでしょうが、それは、マインドの働きを知らないために出るドリーム・キラーの言葉であり、たいへん大きな間違いだといわなくてはなりません。

まずは、この点について説明していきましょう。

現状よりもはるかに高いゴールを設定したら、ふつうの人は不安や緊張を感じます。これは自然な反応で、そのために創造的無意識が働き、そこから逃避するようになります。

自分がゴールの世界を実現できると感じられないため、無意識のレベルで現状のレベルにゴールを引き下げようとするわけです。

しかし、ユニット10で学んだように、エネルギーと創造性を生み出すためには、より高いゴールを設定することが鍵になります。それがあるからこそ、人間は現状の資質や経験、知識をはるかに超える大きな成功をつかむことができるのです。

たとえば、コンフォートゾーンを広げるには、今までの考え方を捨てて、マインドに新たなリアリティーを構築することが重要です。ゲシュタルト理論にのっとっていえば、今までの考えを捨てるからこそ、ゴールから秩序を再構築するための意欲が放出される、ということになります。

その結果、新しいスキルを習得したり、現状のコンフォートゾーンの外に人脈を求めたり、無意識のレベルで今までしてこなかった行動を起こし始めます。

■ゴールがなければ成長しない！

人は夢を持ち、ゴールを設定することなしに、自らの進歩と成長を渇望するようにはなりません。低いゴールでは低い意欲しか生まれないのです。

マインドの働きを利用した可能性の引き出し方を学ぶわけですから、現状のリアリ

ティーに合わせたゴール設定では意味がありません。

また、ビジネスでもそうです。ゴール設定というと、古い体質の組織では「まず、どこに見込み客がいるか考えろ」「金儲けの新しいネタを探せ」ということばかり問題にされますが、そうした認識は過去の記憶に基づいたステータスクオ（現状）によるものです。

古い情報から、新しいゴール達成に必要な情報は得られるはずがありません。

現代は、現状のコンフォートゾーンでは満足できないという感性を持った人材こそが求められています。

世界で何百万人もの人がルー・タイスのカリキュラムを受講し、未来を創造しています。**現状よりもはるかに高いゴールを設定し、それを実現することは、実は誰にでもできることなのです。**

古い考え方は、このさいすべてを捨てることです。そして、緊張や不安を感じることなく、思い切って高いレベルのゴールを思い描いてください。

■コンフォートゾーンの外側

リアリティーは「ゴールはすでに達成している」と考えることでつくられます。ここで重要なポイントは、そのリアリティーは現状とは違うと、自分ではっきり認識することです。

なぜなら、本当に強いリアリティーを感じ、ニンジンが口の中に入っていると錯覚すれば、どのような馬でも走らなくなります。リアリティーが強まって、口の中にニンジンが入っているという認識が生まれるとしたら、それは一種の催眠状態です。

ニンジンは確かに口の中に入っているけれど噛《か》んでみたら味がない、リアルだけれどこれは現状じゃない、そういう認識を欠いてはならないということです。

どのようにすれば、その認識をつくることができるでしょうか。

それが、ゴールをステータスクオ（現状）の外側につくる、もしくは、ゴールを現在のコンフォートゾーンの外側につくることなのです。

そもそも現状とは、今のことを指すだけでなく、今の延長線上にある将来のことをも含む概念です。

たとえば、政策の世界でいえば、法律を変えなければ続く将来は現状です。

今の法律の範囲内でできることは、今それをやっていようがいまいがすべて現状だということです。政治の世界では、新しく立法しない限り、現状は変わりません。

自分の自我についても、現状の自我を大きく変えることなく達成できることはすべて、コンフォートゾーンの中にある現状であるといえます。

たとえば、三菱東京UFJ銀行の社員が、三菱東京UFJ銀行の頭取になることを思い描くとしたら、それはゴールを現状の外側につくることにはなりません。

なぜならそれは、今の延長線上にある〝理想的な現状〟であるからです。また、理想的な現状をゴールに設定すると、ゴールに自分を引っ張り上げるテンションはなくなり、エネルギーも創造性も生まれません。

ゴールが理想的な現状である場合、それを追求するあなたは現状を徹底的に肯定することになり、自我はますます変わらなくなってしまいます。こうした落とし穴を避けるためにも、ゴールを設定するときは、現状とまったく異なるところに設定してください。

極端ないい方かもしれませんが、たとえば三菱東京ＵＦＪ銀行の社員であれば隣の三井住友銀行の頭取になるというゴールであればいいということになるのです。

そして、次に私たちは、コンフォートゾーンの外にあるゴールの側を、新しいコンフォートゾーンに変えていきます。

それが、ゴールの臨場感を上げ、ゴールのリアリティーをつくるという作業です。

そうしていけば、ユニット10で学んだように、ゴールから放出されるエネルギーと創造性が、私たちを新しいゴール側のコンフォートゾーンに導いてくれるわけです。

■ゴール設定の注意点

最後に、ゴールを設定する場合の注意点を、いくつか補足しておきましょう。

まず、数値目標などを現状に合わせないことです。

現状のコンフォートゾーンの中にいるあなたが見ているゴールは、現状を続けているだけで達成可能なゴールです。それでいい、という人もいるかもしれません。しかし、人間は、もっと大きな可能性を持つ存在です。

現状では絶対できないと思い込んでいる大きなゴールを達成する可能性が、私たち1人ひとりに秘められていることを、忘れてはいけません。

たとえば、年収500万円のサラリーマンが、年収5億円になる可能性は、間違いなく現状の内側ではなく、現状のコンフォートゾーンの外側にあります。常識的に考えれば、日本を代表する大企業のトップでさえ、年収が1億円を超えることはないからです。だからといって、目標を引き下げてはいけません。

目標を引き下げることは、現状に合わせてゴールを設定することであり、自分の未来の可能性を否定することになるからです。

2番目は、もし現状の内側にゴールを設定してしまった場合は、ためらわずにゴールを見直すことです。

なぜなら、現状の内側にゴールを設定してしまうと、それが自分のスコトーマをさらに強めるように働くからです。その結果、明日はますます昨日のようになってしまうのです。つまり、ゴールを設定することが、何もしないよりも悪い結果を生み出してしまうということです。

書店でよく見かける自己啓発の本などでは、「将来の夢を持て、そしてゴールを設定しよう」とは書いてありますが、「現状の外側にゴールを設定せよ」という最も重要なポイントが抜け落ちているものばかり目立ちます。

■コーチングの間違い！

多くのコーチングの本が犯している本質的な間違いも、実はそこにあります。ゴールを現状の中に設定するくらいならゴールを設定しないほうがはるかによく、この点を間違えると、せっかくのコーチングもネガティブな作用しか生み出さないということです。だからこそ、このユニットの締めくくりはこうなっています。

あなたの現状のセルフ・イメージを超えたところにゴールを設定しなさい。
また、あなたの現状のセルフ・エスティームを超えたところにゴールを設定しなさい。
そして、他人があなたについていうことを超えたところに、ゴールを設定しなさい。

一言でいえば、現状の自分とは異なる自分を想定し、はるかに高いゴールをつくり、それを疑うことなくリアリティーを構築しなさい、それが人間の可能性を最大限に引き出す成功への早道です、ということです。

公式　I×V＝R
イメージの再構築

方程式I×V＝Rが、ゴール側のコンフォートゾーンをリアルにします。

コンフォートゾーンはいかに臨場感に満ちているか、いかにリアルであるかによって選ばれます。I×V＝Rの方程式は、コンフォートゾーンをより臨場感に満ちたピクチャーにして見せてくれます。私たちは、ステータスクオのコンフォートゾーンではなく、ゴール側のコンフォートゾーンが選ばれるようにしたいものですが、新しいゴールによって決められるコンフォートゾーンを、現状のコンフォートゾーンよりもより臨場感の強いものにすれば、そうなるのです。

つまり、ゴールが要求するセルフ・イメージが、現状のセルフ・イメージよりもより強い臨場感に満ちていることが必要だということです。

■ルー・タイスの方程式

I×V＝Rというのは、ルー・タイス・プリンシプルの方程式です。

Iはイメージ、Vは臨場感（ビビッドネス）、Rはリアリティーです。

イメージかける臨場感がすなわちリアリティーをつくる、ということです。

ユニット1で触れたように、リアリティーとは何か、その概念は、認知科学以前と認知科学以後ではすっかり変わりました。

認知科学以前は物理的世界のことをリアリティーと呼んでいましたが、認知科学以後は、臨場感のある世界のことを指すようになりました。

つまり、映画を観て、映画の世界に浸っているときは、映画の世界がリアリティーであるということです。映画の世界は現実ではなく虚構だと反論されるかもしれませんが、臨場感があればそれがリアリティーなのです。

実際、映画を観ているときは、ホメオスタシスがその世界において働いています。映画の中でビルが爆弾で吹き飛ばされれば、見ている人はちゃんとドキッとします。

ホメオスタシスにとって、それがリアリティーになっているということなのです。

なぜそうなるのかといえば、次のような理由によるものです。

私たちの認識は、RASのスコトーマの原理、自分の記憶、自分のブリーフ・システムによって全員がそれぞれ異なる現実を見ています。したがって、私たちが物理的世界だと思っているものでさえ、ブリーフ・システムによって築き上げられたひとつのゲシュタルトであるにすぎません。

ゲシュタルトはつねにひとつしか選ばれないことから、それは複数のゲシュタルトから選ばれたひとつであるということです。なぜそれが選ばれたかといえば、その人にとって臨場感が強いからです。そのようにして選ばれたゲシュタルトを、私たちはリアリティーとして認識するわけです。

とすれば、複数のゲシュタルトのうちのどれがリアリティーになるのでしょうか。

複数のゲシュタルトのうち、I×Vが一番強いものが、リアリティーとしてつねに選ばれるのです。したがって、鮮明なイメージがあり、臨場感が強いものが、リアリティーになるということです。

■ゴールの世界のセルフ・イメージ

ここで、I×V＝Rのルー・タイス方程式とゴールの達成との関係に戻りましょう。

人はふつう、「現状というコンフォートゾーンのリアリティー」と「ゴールの世界につくられたコンフォートゾーンのリアリティー」という最低2つの潜在的リアリティーを持っています（ゴールがない人は現状維持がゴールになってしまいますが）。

そして、ルー・タイス方程式が示している内容は、ゴールのほうのリアリティーを圧倒的に強めればゴールの世界が選ばれ、それが現実になるということです。

当然のことですが、I×VのIとは、セルフ・イメージそのものです。

ゴールの世界を現実にするためには、ゴールの世界のセルフ・イメージを現状のセルフ・イメージよりもはるかに強烈にしなくてはなりません。

つまり、ルー・タイス方程式は、ゴールの世界のセルフ・イメージの臨場感が上がれば、それが現実になるということを意味しています。そのためには、まずはゴールの世界のセルフ・イメージをつくらなければなりません。

そのときのセルフ・イメージとは、ゴールの世界の私はこういう人間であるというものです。やり方は、とてもシンプルです。

ゴールの世界にいる自分が、どのような家に暮らし、どのようなクルマに乗り、どのような人とつき合っているかなど、1人称、現在形で、イメージしていくのです。

誰か他人が実行していることを見るようにではなく、自分がやっているイメージを描いていきます。目標にしている憧れの人がいる場合は、自分がその人と同じ仕事をし、同じクルマに乗り、資産を持ち、資質に恵まれているところを映像化することがポイントです。

■ゴールの世界が現実になる！

もちろん、ゴールの世界は、人それぞれ抽象度が高く漠然としたものかもしれません。先に紹介したように、戦争と差別のない世界というゴールなどがそうでしょう。

そのような世界のセルフ・イメージをつくることはなかなか難しいことですが、それでも、戦争と差別のない世界にいる自分のセルフ・イメージをつくらなくてはいけません。

したがって、必ずしもゴールがリアルである必要はなく、ゴール側のコンフォートゾーンの中にいる自分のセルフ・イメージがリアルなものになればいいということです。

そのセルフ・イメージに臨場感を持たせると、I×V＝Rのリアリティーが強化され、ゴールの世界が現実になるわけです。別の表現をすれば、馬の口にニンジンが入っていようがいまいが、ニンジンをくわえている自分の世界をしっかりイメージすることが重要であり、ニンジンそのものは重要ではないということです。

ただし、そのときの自分の姿は、きわめてリアルなものにしていかなければならないのです。

これがまさにルー・タイスの方法論であり、アファメーションがその中心的な技術である理由も理解できると思います。1人称、現在進行形で書くなど、アファメーションのつくり方のいくつかの決めごとも、最も効果的に臨場感を強化することを目的にしているからです。

同様に、ビジュアライゼーションについても、1人称、現在形で、行動している実感をともなった鮮明なイメージを心の中に描くことで、最も効果的にリアリティーを

夢をかなえる方程式

I × V ＝ R

（イメージ）　（臨場感）　（リアリティー）

ゴールの世界にいる自分は…

★どのような家に暮らしている？

★どのようなクルマに乗っている？

★どのような人とつき合っている？

**他人ではなく、自分がやっている
イメージを描く！**

↓

ゴールの世界が現実になる

高めます。

I×V＝RのIとVを高め、それによってリアリティーを強化することが、高いレベルに自分を押し上げる最も強力な方法である、ということです。

UNIT 13

映像で思考し、思考が実現する

意味のある永続的な変化のすべては、あなたの想像の中で始まり、現実の世界に広がっていきます。

新しい未来をしっかりと心に描くと、今目の前にある古い世界に、すなわち現状に、満足することはできません。しかし、ひとたびセルフ・イメージがあなたの身の周りのリアリティーではなく未来のゴールに基づくものになれば、その状態は継続し、あなたは、そのゴールに近づきます。

もし、未来のゴールに基づいたブリーフをつくることができれば、私たちが毎日見るものは何であれ、すべてゴールを達成するために必要なものになります。なぜなら、ゴールを達成するために不要なものは、スコトーマに隠されて見えなくなるからです。あなたが朝、今日はいい日であると思えば、その日はいい日になるのです。

■イメージと思考

イメージ、つまり映像の重要性については、すでに指摘した通りですが、イメージと思考の関連性について、まず説明しておきましょう。

私たち人間は、映像で思考します。そして、人間は、その思考に基づいて、目標に向かって進みます。映像を思い浮かべながらあることについて考えたとき、人間はその映像に向かって動き始めるということです。

言い換えれば、人は思考している物事が実現していくように行動するということです。しかも、その思考の基点は映像です。

獲物を見つけた野生動物のように、思い浮かべた映像に引き寄せられるように向かっていくのです。人間は、好むと好まざるとにかかわらず、そのようになっているのです。

このことは、非常に重要です。

つまり、意味のある永続的な変化は、想像の中で始まるということです。あなたの

ブリーフが未来を決め、心が未来を決めるということです。**すべてのことはまず心の中のイメージとして始まって、それが現実世界に広がるのです。**

したがって、あなたがゴールを達成しようとするなら、現在の思考をコントロールすることが鍵です。

将来を心配したり、悲観したりしていても、それは何にもなりません。

たとえば、心配性の人たちは、「そうなってほしくない」ことばかり考えています。考えている彼らがそうならないための方法を見つけるかといえば、そうではなく、結局は「そうなってほしくない」事態にはまってしまうことがよく起こります。

その理由は、現在の思考が未来を決定するからです。別のいい方をすると、今考えていることがその人のムードをつくり、そのムードによって環境が整い、リアリティーが出来上がるということです。

■自己充足的予言

たとえば、自己充足的予言というものがあります。

朝、今日はいい日になるぞ、と思うと、必ずいい日になります。逆に、悪い日になるぞ、と思えば、必ず悪い日になるのです。

なぜかというと、今日はいい日になるぞ、と思うと、悪いことに対するスコトーマが生まれて、悪い出来事が見えなくなるからです。悪い出来事が見えないから、必ずいい日になるわけです。

逆に、悪い日になるぞ、と思うと、いいことに対してスコトーマが生まれ、悪いことしか見えなくなるわけです。実際は、いいことも悪いことも、いつものように起きているのですが。

これは、ビジネスなどでも同じことです。

私は年収1億円の人間だ、と思うと、1億円の稼ぎ方しか見えなくなります。実際は年収500万円であっても、500万円の稼ぎ方は見えなくなるため、年収1億円を達成するために必要のあることしかしなくなるのです。

それがまさに、心が現実をつくる、ということです。

最初に心が変化すると、そこにコンフォートゾーンが生まれ、有用なことからスコトーマが外れて、無用なことにはスコトーマが生まれます。そうすると、無意識の行

動が心の変化に合致するように現実を導かざるをえないということです。

■スリー・タイム・フレーム

ところで、心が現実をつくるのですから、あなたの今の思考をコントロールすることはたいへん重要です。

思考のコントロールは、セルフ・トークのコントロールでもあります。すでに学んできた通り、セルフ・トークは無意識をつくりあげます。他人のネガティブな言葉に支配されず、自分が望む未来を実現するためのセルフ・トークをすることが、まず肝心です。

また、ルー・タイスがよくあげるのは、スリー・タイム・フレームという思考の概念です。それは、過去、現在、未来のどこに思考の基準を置いて物事を考えるかというものです。

過去に思考の基準を置く人は、過去の出来事について語り、過去の出来事を基準に物事を考えます。

こうした人たちに共通するのは、人生の最盛期をすでに過ごし、「昔は良かった」「あのときは幸せだった」という考えを持っていることです。それゆえに未来に対しては悲観的であり、現在は不平不満の対象でしかありません。

現在に思考の基準を置く人は、「今現在」に拘泥《こうでい》します。「今こうなのだから、明日もこうだ」という具合です。かたくなに現状を維持しようとする姿勢は、ときとして頼もしく映ることもあるかもしれませんが、結局は、来る日も来る日も同じことを繰り返すことになります。

未来に思考の基準を置く人は、未来を先見し、そのイメージをはっきりと持っています。現状がその方向に動き出していることを想定して行動し、自分だけでなく周りの人をも未来に向かって引っ張っていこうとします。

このような人たちは、未来のことであっても、すでに実現している、達成しているものとして現在形で語り、思考します。

そのため、ゲシュタルトが有効に働き、その結果としてスコトーマが外れ、RASを働かせて必要な情報が流れ込むようになり、イメージ通りの未来に自分を導くのです。

このように、思考をコントロールするには、未来に思考の基準を置くことが大切です。

過去や現在に基準を置いていると、私たちのマインドは決して変化してくれません。

未来志向でゴールを設定し、アファメーションを書き、ビジュアライゼーションを行うことは、あなたのマインドの内側に、有意義で継続的な変化を生み出すのです。

最初にゴールがある

まずゴールがあって、その次に認識が生まれます。

スコトーマ／RASのプリンシプルのために、ゴールの世界に臨場感を持たせれば、ゴールの世界に合ったことしか見えなくなります。逆に、ゴールが単に現状を維持するだけのものであれば、あなたは現状を維持するために必要なことしか見ることができません。

■まずはゴールありき

ユニット14もまた、有名なルー・タイス・プリンシプルです。

それは、まずゴールがあって、それから認識が生まれる、ということです。このことは、ふつう逆に考えられています。つまり、たいていの人は、まず認識があって、それからゴールを探し出す、という順番で考えをめぐらしているのです。

実は、これが明らかに大きな間違いであることは、スコトーマ／RASのプリンシプルによってはっきりと理解することができます。

繰り返しになる部分もありますが、ここでもう一度、説明しておきましょう。

まず、ゴールを設定し、ゴールの世界のセルフ・イメージに対する臨場感を強めていけば（つまり、I×Vということです）、ゴールの世界に対するスコトーマが外れ、現状の世界に対するスコトーマが生まれます。

つまり、ゴールを達成するために不必要なことはスコトーマに隠れ、必要なことしか見えなくなるのです。

その結果、「こうやってみよう」「こういう人に会ってみよう」という具合に、あなたの中に新しい認識が生まれることになります。

ＲＡＳの働きにしても同じです。ルー・タイスがよく用いる形容で、ＲＡＳとは有能な秘書のようなもの、というのがあります。

たとえば、迷惑メールや必要のない郵便物など、業務の支障になるものを細大漏らさず排除し、指示された必要なものだけをボスのデスクに届けます。

重要なものだけを通すのがＲＡＳの機能だからです。

■ＲＡＳをゴールのために働かせる！

しかし、何が重要であるかは、私たちが自分で決定しています。現状で、あなたのＲＡＳを通り抜けているのは、あなたの現状のリアリティーにあるものだけです。過去において必要だと感じたものだけが通り抜けているということです。

しかし、ひとたびゴールを設定し、そのリアリティーを強めていけば、ゴール達成に重要なものを新たに感知するようになります。つまり、ブリーフが先にあり、ブリーフがあるからこそ「見える」ようになるわけです。

これまで学んできたように、あなたが今見ているものは、古いブリーフによって「見えている」情報です。ゴールの世界に基づいた新しいブリーフをつくりだせば、当然、今まで見えなかったさまざまなことが「見える」ようになるわけです。

逆に、もし認識が先で、ゴールが後だとすると、その認識はたとえどのような内容であったとしても、現状を維持するために必要な認識になるでしょう。なぜなら、その認識は、現状の世界にかけられたあなたのスコトーマによって、現状を維持するために必要なことしか見えない中で生まれるものだからです。

当然ながら、そのような方法でゴールをつくったとしても、そのゴールが、あなたを成功に導くことはないのです。

■ゴール達成の方法は見えてくる！

日々のことにおいても、ゴールが先で認識が後という関係が当てはまります。

たとえば、世界野球大会のＷＢＣで並みいる強豪を退けて日本が優勝しましたが、どうすれば勝てるかを徹底的に考えて、それならWBCの優勝をゴールにしようかというのではダメなのです。

WBCで優勝したいというゴールを設定し、今は達成の仕方がわからなくても、そのゴールをリアルにしていくことによって、何をどうすればいいかが見えてくるのです。

企業でつくるプランもそうです。来年度の売り上げを10億円に引き上げようというときに、企業ではたいていの場合、製造や営業、財務や経理などが数字を集めてきて、その結果、「何とか達成できそうだ。よし来年度の売り上げ目標は10億円にしよう」という手順がとられます。

方法論を先に検討し、それからゴールを決めるわけですが、これは間違ったやり方といわなくてはなりません。

正しい方法は、来年度の売り上げ10億円というゴールを先に決めるのです。そうすると、今はまだ見えない売り上げ10億円を稼ぐ方法が、後から見えてくるのです。

スコトーマが外れることによって見えてくるその方法は、おそらく従来とはまったく異なるアプローチであったり、事業や組織の再編であったりするのではないでしょうか。

つまり、ゴールを設定すると、達成の仕方は後からわかる、ということです。

なぜ今、達成の仕方がわからないかといえば、ゴールが今は現状のコンフォートゾーンの外にあるからです。

しかし、ゴールを設定し、そのゴールの世界に臨場感のあるセルフ・イメージをつくっていけば、I×V＝Rの方程式によって、ちゃんと達成の仕方がわかるのです。

ただし、ゴールの設定の仕方を間違えるとリスクが生じます。というのは、現状の中にゴールを設定してしまうと、スコトーマが外れず、現状を強化することしか見えなくなるからです。

もし、このようなゴールを設定してしまったときは、本来あるべき姿を達成できなくなり、自分をいつまでも現状に縛ってしまいます。

ですから、ゴールを現状のコンフォートゾーンの外側に設定するということはきわめて重要なのです。

UNIT 15

したいことをやりなさい

「ねばならないこと」をせず、「したいこと」をやりなさい。

積極性は、ゴールに基づいたコンフォートゾーンの中に自然に存在しています。ゴールに基づいた新しいコンフォートゾーンにいることによって、あなたは「ねばならないこと」をせず、「したいこと」をすることができます。積極性というのは、自然かつ力強いものです。もし、あなたに「ねばならない」ものがあるとしたら、それはあなたが自分のコンフォートゾーンから外れているからです。「ねばならない」は、あなたをゴールから離れたところに追いやりますから、「ねばならないこと」は一切しないことが大切です。

あなたは、「したいこと」だけをするべきです。ただし、自己責任で。

■あなたは演じているだけ

ネガティブな情動記憶の影響から逃れ、ビジネスを発展させ、収益を増やし、新たな人脈を開拓していくために必要なのは、セルフ・イメージを高めることです。もちろん、現状と同じイメージを描いているだけでは、セルフ・イメージを変えることはできません。

しかし、かといって、無理につくったイメージでは用をなさないことも事実です。

なぜなら、いくら「有能な人」「いい人」を演じたとしても、あなたの無意識はそれを見抜き、その結果、創造力を発揮して元の状態に戻ろうとするからです。無意識にウソは通用しないのです。

それでも大半の人は、自覚のないまま「有能な人」「いい人」を演じています。ありのままの自分を知られることを恐れている、というのがその理由です。

それが現代社会に特有の過剰なストレスにつながっているとも思います。

自分を隠すために「有能な人」「いい人」を演じることほど、ストレスの多いことはないからです。

あなたに必要なことは、演じるのではなく、セルフ・イメージを変えることです。それはストレスを生むこともありませんし、むしろリラックスして継続できることです。

なぜ、演じることにはストレスがかかり、セルフ・イメージを変えることはリラックスしてできるのでしょうか。

その理由は、それぞれの場合のセルフ・トークを考えればすぐにわかります。

ありのままとは異なる自分を演じているときは、あらゆることについて「〜しなければならない」と自分に語りかけることでしょう。しかし、将来こうありたいというセルフ・イメージを心に描いているときは、あらゆることが「〜したい」に変わるはずです。

すべてのことが、自分から待ち望み、積極的にやりたいことになるわけですから、セルフ・イメージを変えることはあなたに余裕と落ち着きをもたらすわけです。

このように、しっかりとしたゴールを設定して、それをコンフォートゾーンとして感じていれば、すべてが「したいこと」に変わります。

朝起きてから夜寝るまでの1日で、「ねばならないこと」はひとつもなくなるのです。あなたは、「ねばならないこと」をしてはいけないのです。

■「ねばならない」は危険

それでも、あなたは疑問に思うかもしれません。「ねばならないことをしなくてはいけないときだってあるはずだ。ねばならないことをしてはいけないとは、どういう意味なのか」と。

会社に勤めていれば、「ねばならない」で行っている仕事はたくさんあるでしょう。しかし、注意してください。仕事を強制されている、やらされている、とあなた自身が考えるとしたら、それは自分でセルフ・エスティームをひどく傷つけることになります。

後で詳しく述べますが、セルフ・エスティームとは自尊心のこと、正確にいえば自分のポジションに対する自己評価のことです。セルフ・エスティームが傷ついたあなたは、潜在能力を大きく低下させてしまいます。なぜなら、あなたの無意識に「自分には選択の余地がない」「自分には大した価値がない」というメッセージが刷り込まれるからです。

こうした無意識への刷り込みは、徐々にではあっても非常に重いダメージとして、あなたに影響を与え続けます。いっぽう、モチベーションという視点で考えても、「ねばならない」で仕事をすることには大きな問題が潜んでいます。

■2つのモチベーション

モチベーションには、2種類あります。

本来のモチベーションは、外部から与えられるものではなく、自発的に起こるものです。これは、建設的動機と呼ばれ、自分自身が価値をおいている対象に向かう「〜したい」という意思によって生まれるものです。

もうひとつは、強制的動機と呼ばれ、恐怖によってもたらされるものです。外部からの働きかけによって、「やらなければならない」という気持ちが起こります。極端な例ですが、銃を突きつけられ、「カネをよこさなければ、ひどい目にあわせるぞ」と脅されて、財布を渡すというような場合です。

強制的動機に基づいて行動するときは、「〜しなければ」とか「仕方がない」というセルフ・トークが必ず付随しています。「こんな仕事はやりたくない」と思いながら、「給料をもらうんだから、仕方がない」「これをやらないと、上司に叱られる」といった具合に、自分を納得させようとするわけです。

しかし、人間は、行動を制限されたり禁止されたりして不本意な行動をとるときは、決して高いパフォーマンスを上げることはできません。なぜなら、「仕方ないから、〜しなくては」というセルフ・トークが生まれるため、無意識がその状況に対して抵抗するからです。

たとえば、「この報告書を明日までに仕上げなくちゃ」というセルフ・トークをすれば、無意識は「やりたくない」という本心を実現するように働きます。仕事の能率が極端に悪くなったり、急に家に帰らなければならない理由を見つけてしまったりするのです。

これを創造的回避といい、実は、セルフ・エスティームが高く内面的に充実している人ほど、より強く創造的回避が起こるということがわかっています。

セルフ・エスティームから考えても、モチベーションから考えても、「ねばならないこと」はあなたに何らいい影響を及ぼさないのです。

■何かがおかしいと思ったら…

こうした仕事をこなす最善の方法はただひとつ、余計なセルフ・トークを一切排除し、黙々と仕上げることです。

「やらされている」のか「自ら望んでやっている」のか、境界をはっきりと区別して考えれば、それが「やらされている」仕事であるはずはありません。

なぜなら、あなたは自ら望み、自ら選択して、今の会社への入社を決めたのです。その仕事を「やろう」と決意した、だから今の自分がある、そういうことではありませんか？

もし、「自分の場合は違う」というのであれば、やりたくないことはやりたくないと、自己責任できっぱり拒否するべきです。たとえ、会社を首になろうとも、「ねばならないこと」をしてはいけません。

なぜなら、正しいゴールを設定しているのに「ねばならないこと」があるときは、自分がコンフォートゾーンにいないという証拠です。その状況で「ねばならないこと」をすれば、その行動がますます自分を現状に縛るように作用します。

現状に縛られると、ゴールはますます遠い存在になっていきます。あなたが人生で成功しようと考えているのなら、「ねばならないこと」をすることに何も意味はないのです。

「そこまでではないけれど、気分が乗らない」という程度のことなら、そのときはセルフ・トークをせずに、ひたすら仕事を処理すればいいのです。

先に述べたように、ゴールを設定し、コンフォートゾーンを正しく設定していれば、「ねばならないこと」はスコトーマに隠れ、見えるものはすべて「したいこと」に変わります。

ゴールの方向に進むために、目の前にある水たまりを通っていかなければならないとしても、「泥だらけになるのはいやだ」などと考えてはいけません。そのときは、「この程度、朝飯前だ」と泥だらけになることを受け入れて、水たまりを一足飛びに乗り越えてしまうことです。

ゴールを設定しているにもかかわらず、「ねばならないこと」があるときは、ゴールの設定が間違っていることに起因しています。

たとえば、現状のコンフォートゾーンの外側につくったはずのゴールが、意に相違して、現状を維持するためのゴールになっている場合などです。

そのようなときは、何かがおかしいと考えて、もう一度、設定したゴールを見直すと同時に、ゴールのセルフ・イメージがしっかりとリアルにつくられているかどうか、考え直すことが必要です。

イエス・アイム・グッド

イエス・アイム・グッド。

高いセルフ・エスティーム（自分のポジションに対する高い自己評価）と、高いエフィカシー（自分の能力に対する高い自己評価）は、あなた自身にとってもチームにとっても重要です。

この2つが、ゴールに基づいたコンフォートゾーンを臨場感とリアリティーあふれるものに保ちます。あなたの高いパフォーマンスを脅威に感じるドリーム・キラーも出てくることでしょう。

過去のコンフォートゾーンのほうを好むドリーム・キラーたちに取り囲まれても、あなたは高いセルフ・エスティームと高いエフィカシーを保持してください。

■「自分は優れている」

セルフ・エスティームとエフィカシーは、いずれもルー・タイス用語です。

セルフ・エスティームとは、自尊心ですが、より正確には自分のポジションに対する自己評価のことです。

また、エフィカシーとは、自負心を意味しますが、これもより正確には自分の能力に対する自己評価のことを指しています。

さて、人間の潜在能力を引き上げる方法はいろいろありますが、実は単純かつ強力な方法があります。

それは、「自分は優れている」と自分の価値を認めることです。

子どものころから「自分に謙虚になりなさい」と躾《しつけ》られてきた人たちの大半は、賞賛されても「私なんか大したことありません」「自分はまだまだ未熟です」などと受け答えするのが習い性になっています。

謙遜《けんそん》は美徳ということもあるでしょうが、実は相手から「いい気になりやがって、お調子者め」と思われないよう身構えているのです。謙虚な態度でいれば、周りの人と無用な軋轢《あつれき》を生むこともなく、無難な人間関係を築けます。

ところが、こうした言葉や行動は、あなたの能力の発達にとって、実は大きな妨げになっています。**謙虚な言動をするたびに、あなたは自分を「大したことのない人間だ」と記憶し、本来の自分よりも低いセルフ・イメージをつくってしまうからです。**

たとえば、注目を浴びている経営者と、ある機会に知己をえたとしましょう。あなたが自分を大したことのない人間だと考えていれば、対等な気持ちで自信を持って話をすることはできません。

「格下の私には、名刺交換だけで十分だ」そんな気持ちでは、せっかくもらった相手の名刺もあなたの机の引き出しに永遠に眠っているだけでしょう。逆に、あなたに自分は価値ある人間だという強い気持ちがあれば、どんなに格上とされる相手に対しても、あなたは話したいことを率直に話すことができるでしょう。

すると、相手もそれにしっかり答えてくれますから、少なくとも人間的な結びつきをしっかりと築くキッカケが生まれます。

■評価は自分しかできない！

仕事上の交渉でも同じことです。あなたが自分の価値を認めていないと、せっかくの機会を逃すような言動をしてしまいます。取引先も、部下や外注先も、あなたが考えるようには動いてくれなくなるのです。

逆に、あなたが自分の価値を認め、自分が優れていることに自信を持っていれば、人は自然にあなたの考えについてきます。これは、科学的にも証明されていることなのです。

私たちは、つい他人に評価を求めたくなります。何をするにしても両親の許可がないとできない環境で育った人や、親の愛情が不足して育った人は、この傾向が顕著のようです。

しかし、よく考えてみてください。自分がどれだけがんばっているかを知っているのは、自分自身です。しかも、たとえ他人がいくらあなたを評価してくれたとしても、それはあなたのゴールの達成とは関係がありません。

その評価は、ステータスクオの延長線上のよりよい未来をもたらすものでしかないからです。私たちは、もっと高い意識を持たなくてはならないのです。

高いセルフ・エスティームとは、自分の価値を認めることにほかなりません。決して高慢な態度をとるということではなく、自分が価値ある人間であることに強い自信を持つということです。だからこそ、高いセルフ・エスティームとあなたのパフォーマンスは正比例するのです。

エフィカシーについても、同じことがいえます。いいアイデアが出たとき、困難を乗り越えたとき、適切なアドバイスができたとき、そのたびに自分が持っている能力が優れていることに対して、自分で評価してやるのです。

高いエフィカシーを持てば、パフォーマンスも、自分を取り巻く環境も、人生も、必ず向上していきます。

■チームのパフォーマンスを上げる！

高いセルフ・エスティームと高いエフィカシーは、チームにとっても重要です。

たとえば、野球のＷＢＣで優勝した日本チームは、選手が１人だけ「俺はすごいんだぞ」と思っていても勝利を手にすることはできなかったでしょう。チーム全体の「俺たちはすごいんだぞ」というセルフ・エスティームとエフィカシーが合わさったからこそ、優勝という高いパフォーマンスが得られたのです。

このことは、たいへん重要です。

チームのエフィカシーのことを集団的エフィカシー（コレクティブエフィカシー）といいますが、１人ひとりがお互いのエフィカシーを高め合うことができれば、さらに高いエフィカシーがチームに生まれるということです。

実はこれがＩ×Ｖ＝Ｒのカラクリです。

高いエフィカシーを維持すること、チームであれば高い集団的エフィカシーを維持することが、ゴールのコンフォートゾーンにいるセルフ・イメージを高め、臨場感を上げる強力な方法になるのです。つまり、それを維持することによって、ゴールのリアリティーが強化されるということです。

Ｉ×Ｖ＝Ｒの方程式を説明すると、「どうすれば臨場感が上がるというのですか、催眠術を学んだほうがいいのですか」という疑問を持つ人が必ず出てきますが、高いセルフ・エスティームと高いエフィカシーがあれば、ゴールの世界のコンフォートゾーンの臨場感はどうやっても強烈に上がります。

催眠や暗示による効果とは比較にならないほど強烈に、です。

■セルフ・エスティームとエフィカシーを高める！

セルフ・エスティームの低い人は、自分を向上させる意欲も希薄です。自分を向上させる代わりに、他人の足を引っ張って、自分をよく見せようとします。セルフ・エスティームの低い人が集まれば、セルフ・エスティームの低い組織が生まれます。

このような組織は、外部の人や組織に対する信頼感が薄くなりがちで、物事に対しても強迫感を抱きやすくなります。当然、新規事業を行うことや可能性に対する挑戦を恐れる傾向が強くなります。

セルフ・エスティームを高めるには、自分に対してネガティブな評価をしないことが第一です。簡単な練習法を紹介しましょう。

「ネガティブな評価をしない」というルールを課して、ゲームをするのです。それは、自分や他人を否定し、価値を下げるようなセルフ・トークを一切禁じて、24時間を過ごします。

ゲームといっても、ペナルティーを設ける必要はありません。ただ、ルールを意識して24時間を過ごし、ネガティブな評価をしないハビットとアティテュードを自分に根づかせていくわけです。

また、エフィカシーを高める方法は、やはりアファメーションです。

たとえば、「俺はすごい」というエフィカシーを持っていて、何か成功したときは「俺らしい」と思えばいいし、失敗したら「俺らしくない」と思えばいいのです。

チームで集団的エフィカシーを築いているときは、仲間が成功したら「君らしい」という声をかければいいし、失敗したら「君らしくない」といえばいいわけです。

映画などでよく描かれるのは、最初はまったくバラバラだった登場人物たちが、何かの事件をきっかけにチームとして動くようになり、最後にはお互いを補完し合うことによって、眼前に立ちはだかる巨大な危機を克服する姿です。

そうしたストーリーでは、お互いのエフィカシーを高める台詞《せりふ》が随所に挿入されているのですが、それが正しいアファメーションであるかどうかは別にして、エフィカ

自分の価値を認める

高いセルフ・エスティーム
（自分のポジションに対する高い自己評価）

高いエフィカシー
（自分の能力に対する高い自己評価）

がゴールの世界の
コンフォートゾーンの臨場感を上げる！

★セルフ・エスティームを高める…

自分にネガティブな評価をしない

★エフィカシーを高める…

アファメーション

・成功したら…「俺らしい！」

・失敗したら…「俺らしくない！」

シーとアファメーションの関係をよく表しているといえるのではないでしょうか。

■セルフ・トークの積み重ね

ただし、会社などにおける人間関係が、こうした映画のように集団的エフィカシーを高める方向に導かれるとはいえません。とくにチームの場合、1人だけが突出すると、ほかの人にとってはそれがコンフォートゾーンではなくなるというメカニズムが働きます。

たとえば、行きつけの飲み屋で飲んでいるときに、1人だけが飛び抜けて値段の高いボトルを注文すると、ほかの人は何となくいやな気分になります。カウンターに並んだボトルが1本だけ高額になり、座席に1人だけ大金持ちが座ると、そのほかの人は居心地が悪くなるのです。

それは、1本だけボトルの値段が上がることによって、飲み屋のカウンターがコンフォートゾーンでなくなるからです。

このような場合、チームは突出した1人を引き下げるように働きます。

「そんなことまでして、よく働くねえ」とか「やったって無駄だよ」とか、あなたに働きかけてきます。周囲の人々から、あなたのドリーム・キラーが必ず現れてくるわけです。

しかし、ドリーム・キラーたちの言葉に耳を傾けてはいけません。彼らの言葉を受け入れずにいる方法は、あなたの気持ち次第です。

また、素晴らしいと賞賛を受けたときもへりくだる習慣を捨てましょう。「私は大して…」ではなく、素直に「ありがとうございます」というのがベストです。

そのうえで、上司や先輩、取引先の人々など、自分の成功を支えてくれた人たちに感謝の意を表し、自分に対しても「Yes, I'm good! Yes, I'm good!」と讃えるのです。

小さな成功のたびに、「よくやった」「私はすごい」と必ず自分に言葉をかけてやりましょう。こうしたセルフ・トークの積み重ねが、セルフ・エスティームとエフィカシーを高めていきます。

逆に、失敗をしたときは、「これは繰り返さないぞ。よし、この次は必ず〜しよう」と前向きなセルフ・トークをするのです。

■効果的なメンタル・トレーニング

組織のリーダーとして大切なのは、何をさしおいてもセルフ・エスティームとエフィカシーです。この2つは、人を指導し、育てるために、欠かすことのできない大切な資質です。

子どもの教育を考えれば、このことはよりはっきりします。たとえば、セルフ・エスティームの低い教師に指導されると、本来セルフ・エスティームの高い子どもであっても、そのレベルが低下します。

これはなぜかというと、セルフ・エスティームの低い教師は、そのような子どもに対して強迫観念を持ち、無意識で恐れているため、子どもを自分のレベルに引き下げようとします。

子どもを馬鹿にしたりおとしめたりすることによって、脅威が和らぐと感じるからです。これは、音楽やスポーツ、バレエなどのレッスンでも同じです。

実は、子どものセルフ・エスティームを育てるのは簡単です。TPIE®の子ども向けプログラムであるPX2®では、子どもに対して、毎日2つの質問をやさしく問いかけるように教えています。

2つの質問とは、「今日は、何かいいことあった?」、そして「明日、楽しみにしていることは何?」です。

子どもは、この質問に毎日答えることで、次第にポジティブなものの見方と明日への期待感が身につきます。同時に、情動記憶にポジティブな刷り込みがなされ、自然にセルフ・エスティームの高い思考が身につくのです。

ところで、これを応用したメンタル・トレーニングは、私たちにも可能です。それは、次のような手順で行います。

①今までにうまくできたと思うことを5~10個、リストアップします。

②次に、それらをひとつひとつ、じっくり思い出し、そのときに味わったポジティブな感情を引き出します。

③その感情のままで、ゴールにいる自分とその世界をビジュアライズし、自分にこう問いかけるのです。

「この感覚は、私にとってどういう意味を持つのか。たいへん大きな意味を持つ」と。

このトレーニングは、過去の成功体験によって将来の成功体験を色づけし、未来の情動記憶をつくるものです。このトレーニングを続けていくと、可能性は無限に広がります。幸運は偶然手に入るものではないし、人生は意識的に発展させるものです。

セルフ・エスティームとエフィカシーが高まれば、ゴールの世界のリアリティーも強まり、あなたのマインドも変わっていくのです。

さて、高いセルフ・エスティームと高いエフィカシーに裏づけられたあなたのハビットとアティテュード、そしてパフォーマンスは、周りの人たち、ひいては組織全体のセルフ・エスティームとエフィカシーを高めます。それが組織全体としての生産性と業績向上の鍵になります。

すでに学んだように、周囲のドリーム・キラーの言葉がいかに客観的で妥当なものであったとしても、それはあなたのゴールと何も関係がありません。そして、ドリーム・キラーたちを突っぱねるくらい強力な、高いセルフ・エスティームと高いエフィカシーを維持してください。

UNIT 17

未来の記憶をつくる

未来の記憶をつくりだす。

言語を使わない方法で自分の未来のリハーサルをします。まず、自分のゴール、そして新しいハビットとアティテュードを心にしっかりと描きます。

そして、気持ちの良い情動を自分の未来のイメージに結びつけます。

これが、あなたのゴールに基づいた新しいコンフォートゾーンのつくり方です。

■未来の記憶をつくる！

未来の記憶をつくりだすというのは、I×V＝Rを使って臨場感を上げるプリンシプルです。それは、未来の記憶をつくってゴールの世界の臨場感を上げる、先進的な方法といえます。

私が長いこと行ってきた脳機能の研究の成果と、このルー・タイスのプリンシプルは、実はぴったり一致しています。すでに学んだように、人間の現在の認識は、過去の記憶で成り立っています。人は、昨日見たことしか認識できません。

なぜなら、そうでなければ重要性がわからないからです。自分が重要だと思ったことが認識されるということは、過去に自分が重要だと思ったから認識が生まれるということです。

ということは、昨日までに認識したことが、現在認識されるというのとイコールです。したがって、今日の世界が昨日で成り立っていることは、実際、確かなことなのです。

■ゴールの記憶

未来の記憶とは何かといえば、ゴールの世界の記憶です。

そこで、ゴールを達成したセルフ・イメージの世界の記憶を、自分の過去の記憶を合成してつくります。そうすると、リアリティーが増していきます。もちろん、少なくとも物理的なリアリティーと同じところまでは、リアリティーが出てくることになるのです。

後は、それを何度も繰り返し、同時に高いセルフ・エスティームを築いていくことによって、未来の記憶のほうが目の前の現在の記憶よりもより臨場感の強いものになれば、ゴールが達成される、ということになるわけです。

そのひとつが言語を使わない方法で、イメージです。

たとえば、ゴールを達成したときの自分をしっかりと心に描きます。どのような仕事をし、どのような人々とつき合い、どのような場所でどのような話をしているか。

ゴールの世界で経営者になっているのであれば、会社や社員の様子はどのような感じか。どんなモノやサービスを提供し、お客さんの反応はどうか。ゴールの世界を細かく描いていくのです。

■新しい記憶を合成する！

そして、そのときの自分の新しいハビット、新しいアティテュードを思い浮かべます。たとえば、自分がどのような眼差《まなざ》しで相手と接しているか。地域の活動で、近隣の人々とどのようにつき合うか。そして、家に帰ると妻や子どもたちと、何を話し、どこに出かけるか。経済面では何を重視し、家族に何をしてあげようとするか。

そうした自分の行動をイメージし、ゴールの世界で自分が無意識でどのような行動をするか、無意識でどのような選択をするか、その無意識の行為と判断を実際に何度もイメージの中でリハーサルするのです。

そして、自分の過去の記憶の中にある情動を、先の未来のイメージに貼りつけます。過去に経験した成功体験を思い出し、そのとき生じた情動を引き出して、その情動を味わいながら未来のイメージを心に描くのです。

そして、そのイメージと情動を自分の中で何度も繰り返すことによって、未来の記憶が無意識の中に刻まれることになるのです。

これは、嬉しかったことや自慢できることなど、ポジティブな記憶にともなう情動を借りてきて、望み通りの未来が実現したときの感覚を体験するリハーサルといえます。

それを何度も行えば、「望みがかなって嬉しい」という将来の感覚が心と身体に染み込んでいくのです。

このような経験したことのないビジネス環境や収入レベル、人間関係についてのイメージ・トレーニングは、現状のコンフォートゾーンをはるかに超えたところで活躍するためにも非常に役立つことでしょう。

このようにして未来の自分の新しい記憶を合成してつくり、そこに実際の情動を貼りつけて、その中で新しいハビット、新しいアティテュードで何度も行動することによって、新しいコンフォートゾーンそのものがリアルになっていきます。

このタイス・プリンシプルは、実は、アファメーションのつくり方そのものでもあります。アファメーションは、臨場感を上げるために言語を使う方法ですが、そのカラクリを、言語を使わない方法として取り出しているのです。

UNIT 18

新しい「自分らしさ」をつくる

「自分らしい」という新しい標準をつくる。

言葉はピクチャーを想起させ、ピクチャーは情動を呼び覚ましま
す。そこで、言葉を使う方法、アファメーションで、自分の未来の成
功イメージをリハーサルします。

「自分らしい」は、言葉を使う場合でも使わない場合でも、セルフ・
イメージを強化します。

■言葉の力

ユニット17では、イメージを使った未来のリハーサルの仕方を学びました。ここでは言葉を使った方法を学んでいきましょう。

それはまず、新しい自分にとっての「自分らしい」標準、つまり新しい〝当たり前〟をつくることから始めます。

ユニット17で学んだイメージを使う方法では、自分の記憶を合成し、新しいハビットと新しいアティテュードをつくり、イメージとしての未来の記憶をつくりました。その未来の記憶には、新しい「自分らしさ」があふれています。今度は、言葉を使ってそれを行うのです。

ルー・タイス・プリンシプルでは、「ワーズ、ピクチャー、エモーション」の相互作用を重視します。

ユニット6でも学んだように、自分の過去の情動体験を語ると、そのときの情動がまるで同じことをもう一度体験するかのように呼び覚まされます。

「自分らしい」という新しい標準をつくる

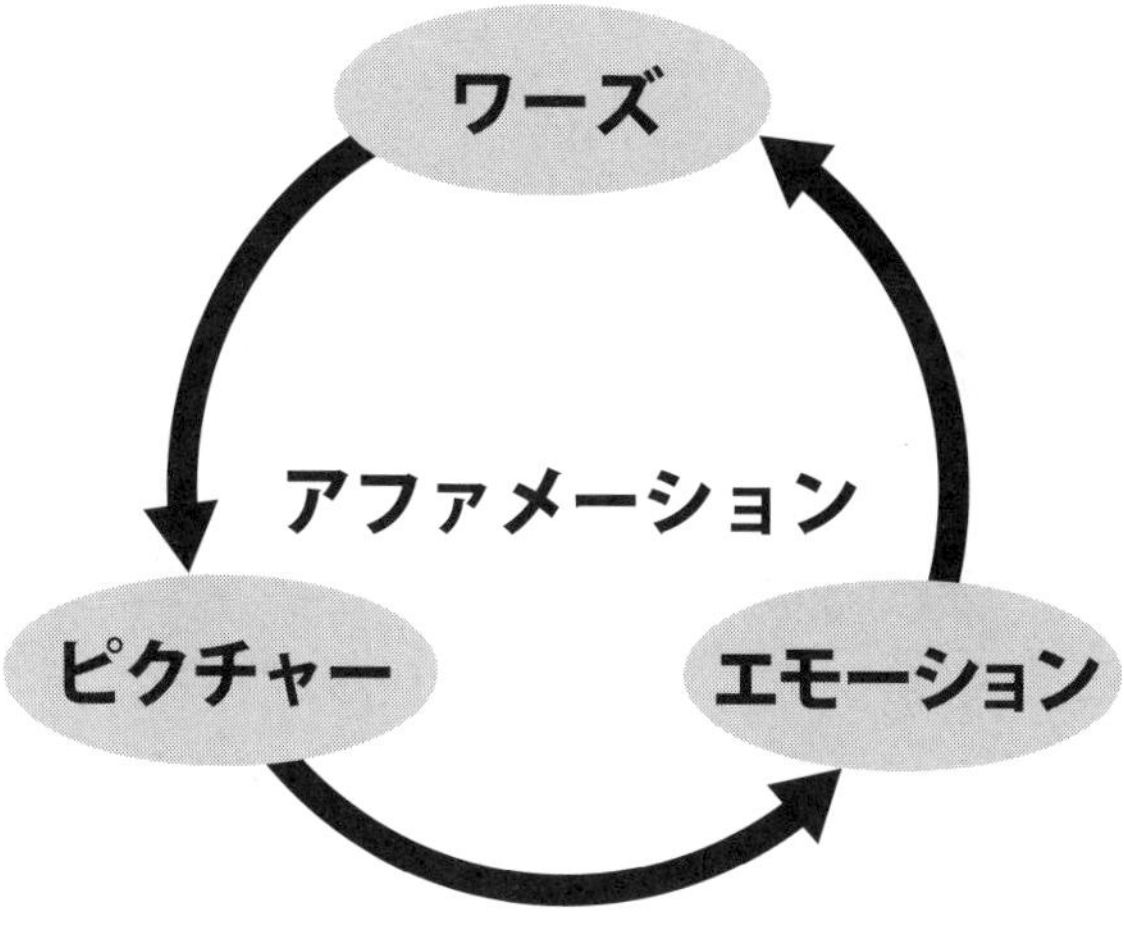

言葉は必ずイメージを想起させ、
イメージは必ず情動を引っ張り出す

＝アファメーションが最適！

言葉は必ずイメージを想起させ、イメージは必ず情動を引っ張り出すからです。それが、言葉が本来持っている強さです。

言葉のイメージ喚起力を利用する最も有効な方法は、アファメーションです。自分でそれを書いて、毎日、読むことです。短期的な視点から見れば、アファメーションは望んでいる結果に直結した行動をとるためのツールといえます。

これを利用することで、無意識の判断、無意識の行動を変革し、コンフォートゾーンを広げ、思考を効果的にコントロールすることができます。もう少し先の将来を眺めた視点から見れば、毎日のアファメーションの実践は、未来の自分のあるべき姿の、言語を使ったリハーサルといえます。

やがてあなたは、アファメーションを読むたびに、ゴールの世界の自分の姿をありありと思い浮かべるようになるからです。

■アファメーションのつくり方

まず、アファメーションのつくり方をここで、まとめておきましょう。次の11のルールを守って、的確なアファメーションをつくることが肝心です。

アファメーションは、以下の11項目を守ってつくるようにします。

①個人的なものであること

1人称で書き、主語を「私」「私たち」「われわれ」にします。内容も、個人的なものにします。

②肯定的に書く

「こうなりたくない」「欲しくないもの」は排除し、「こうなりたいもの」「欲しいもの」についてのみ書きます。

③現在進行形で書く

「今まさに〜している」「今起こっている」などのように、現在進行形で書きます。

④「達成している」という内容にします

「私は〜を持っている」「私は〜だ」「私は〜をする」などの言い回しを使って、すでに達成しているという内容にします。逆に、「私は〜することができる」「私は〜したい」などの言い回しで書いてはいけません。もちろん、「私は〜しなければならない」という表現も使ってはなりません。

⑤決して比較をしない

自分自身の変化と成長のみをしっかりと思い描き、「他人と比較してこうだ」という記述をしないようにします。

⑥動を表す言葉を使う

打ち解け、くつろいだ態度でそれを成し遂げている自分自身の行動を表現する言葉を使い、その様子を書くようにします。

⑦感情を表す言葉を使う

ゴールを達成したときにあなたがいかに感動するか、その感動をあなたに正確に呼び覚ます言葉を使って書きます。

⑧記述の精度を高める

的確で詳細な記述になるように、言葉の精度を高めます。言葉の中に、不要なあいまい性がないかをよく検討し、それがあるときは書き改めます。

⑨バランスをとる

ゴールの中に、あなたの人生におけるさまざまな分野を調和よく組み合わせます。それは、家庭、余暇、社会（地域）、精神性、教育、ビジネス、健康、姻戚関係、キャリア、財産などについてよく調和させ、ひとつひとつのアファメーションが互いに矛盾しないようにします。

⑩リアルなものにする

アファメーションの中にゴールを達成した自分自身が見えるくらい、リアルな記述にします。

⑪ **秘密にする**

あなたは、このアファメーションを誰かと共有したいと思いますか。本当の意味であなたのゴール達成を支え、助けてくれる人がいるでしょうか。あなたの個人的なアファメーションのほとんどは、誰かと共有する必要はありません。

■「自分らしい」

未来を変えていく作業は、確実に、効果的に行うことが大切です。そうしなければ、せっかくのゴール設定も、単なる「素晴らしいアイデア」に終わってしまうことになるからです。

気をつけなければならないのは、創造的無意識の存在です。創造的無意識は、私たちの生命を守るために安全な状態を維持しようとします。安全な状態とは「現状」にほかならず、創造的無意識は、私たちに現状を変えさせないように働きかけるのです。

ですから、科学的な方法を慎重に、確実に実行し、逆に創造的無意識を味方につけるようにしなくてはなりません。

まず、先の11のルールに基づいて書き上げたアファメーションを、毎日少なくとも2回声を出して読みます。最も効果的な時間帯は、夜の就寝前と朝目が覚めた直後です。就寝前は、脳波が、アルファ支配になりやすい時間帯です。アルファ波やシータ波が出ているときは、意識へのアファメーションの刷り込みが効果的に行えるのです。

手順としては、まずアファメーションを読み、目を閉じます。次に、アファメーションに書かれたイメージを思い浮かべます。

そして、ユニット17の未来のリハーサルで学んだように。それが実現したときの嬉しさや充実感などの感覚を引き出します。実際に感じるであろうわくわくした感情をじっくり味わうのです。

このプロセスを、ひとつひとつのアファメーションに対して、1回ずつ行っていきます。何度か述べている通り、「ワーズ、ピクチャー、エモーション」の順です。

込み入った手順に聞こえるかもしれませんが、歯磨きや洗面のように習慣化してしまえば、実に簡単なことです。

アファメーションが効果的に働くようになれば、無意識があなたのマインドを変化させ、あなたを自動的にゴールの世界に導いてくれます。

「よし、やるぞ」と奮起する必要もなく、あなたのマインドは自然に変化していきます。

アファメーションを実行したら、自分の行動をつぶさに観察することも有益です。観察したことを、次の行動に活用するのです。自分の変化を次々に前向きで建設的な行動につなげていくことは、相乗効果をもたらします。

ただし、自分を観察した内容について、ネガティブなセルフ・トークをしないようにしてください。それが、ネガティブな情動記憶を引っ張り出し、それを強化してしまうからです。

少しでもうまくいった場合には、「自分らしい」という言葉を自分にかけてやることです。

もし好ましくない状態を見つけたときは、「自分らしくない。この次は、~しよう」という前向きなセルフ・トークを使って好ましい状況のイメージを思い浮かべ、改善していくことです。

アファメーションを使って、未来の成功イメージを繰り返しリハーサルすると、I

×V＝Rの方程式のIとVの値が大きくなります。

これがI×V＝Rを強めるカラクリで、「自分らしい」と思うことが多くなればなるほど、未来のゴールの世界に対する強いリアリティーが生まれてきます。

■3つのアファメーション

ゴールの世界のリアリティーを強めるという意味においては、言葉を使う方法も使わない方法も、本来の概念は同じアファメーションです。

ユニット18までに登場した大きな意味でのアファメーションは3つありますので、ここで整理しておきましょう。

まず、最初に登場したのは、高いセルフ・エスティームと高いエフィカシーが臨場感を上げるユニット16の方法です。

2番目に、言葉を使わずに、イメージとしての未来の記憶をつくるユニット17の方法です。

そして、3番目が、このユニット18の言葉を使って未来のリハーサルをする方法。

いずれも、I×V＝Rの臨場感（V）を上げることによって、リアリティーを強めるカラクリといえます。

伝統的なアファメーションというと、言葉を使う方法を指しますが、TPIE®では3つを合わせてアファメーションとしています。

UNIT 19

さらに先のゴール

ゴールを、さらに先の未来に設定しましょう。

ひとたび目的地にたどりつくと、私たちは活力とエネルギーを失ってしまうのがつねです。よくいわれるように、目標を成就するか目標をあきらめた人は、18カ月以内に死んでしまうかもしれません。現状を超えたところにゴールを設定することによって、あなたのゴールを継続的に更新していくことが必要です。今のゴールに近づいていく間に、あなたの現状はそのゴールの世界を含んだものに変化します。

すると、ゴールの現状の外側に新しいゴールを探すことが必要になります。こうしたプロセスを続けていくと、今までずっとスコトーマによって隠されていた本当のゴールを発見することでしょう。あなたが本当に到達したいと欲しているのは、自分にはわからない何かなのです。

■ゴールが見えてくると…

現状とゴールの世界との隔たりが大きければ大きいほどエネルギーが生まれることは、ユニット10でも少し触れました。それは、輪ゴムを引っ張ったときと同じことです。別の言い方をすると、私たちのマインドの容量は、マインドの大きさそのものです。そして、マインドの大きさによって、コンフォートゾーンの大きさが決まります。

マインドにあるイメージや「物事はこうあるべきだ」という概念が、あなたの現状のコンフォートゾーンを維持するのに必要なエネルギーを、過不足なく生み出すのです。このエネルギーが、ゴール達成の原動力です。

したがって、現状のコンフォートゾーンを大きく広げることなしに、大きなエネルギーは生まれません。

しかし、ゴールが近づいてくると、現状とゴールの世界の隔たりが縮まり、輪ゴムの引っ張る力が緩んで、エネルギーが不足してきます。

大きく広げたはずの現状のコンフォートゾーンも、ゴールが近づくにつれ、どんどん小さくなっていきます。現状とゴールの世界の隔たりがなくなっていくわけですから、当然です。

その結果、何事においてもそうですが、ゴールが達成できると思えるようになると、やる気が薄れてくるのです。

■「社長になれる」と思ったから辞めた！

大学を卒業して最初に勤めた三菱地所を私が辞めた理由は、新入社員のときに「俺は社長になれる」と確信したのがきっかけでした。

「社長になればよかったのに」と考える人もいるでしょうが、何年後かには確実に社長になれると確信した私は、その時点でエネルギーを失い、もはやその会社にいる理由がないことに気づいたわけです。

惰性でいる人は別として、極端にいえば会社を辞めない人は、取締役になるまで「社長になりたい」と思って働くわけですが、社長というゴールが近づくと、エネルギーは薄れていきます。そして、ある日、社長になれる、ゴールが達成できると思った瞬間に、エネルギーがなくなっていることに気づくのです。

新入社員のときであろうが取締役になってからであろうが、「社長になれる」というゴール達成の確信がエネルギーの喪失をもたらすことは同じです。ゴールが近づくと、そのときの現状がゴールの世界を飲み込んでしまうからです。

このように、輪ゴムのテンションがなくなると、もはやどうやったところでエネルギーは生まれてきません。これでは、ゴールを達成することができなくなります。

■さらに新しいゴールを設定する!

そこで、輪ゴムのテンションを維持することが、たいへん重要な問題になります。

そのための方法は、このユニットで学ぶ、ゴールをさらに先の未来に設定することです。ゴールが近づいてきたら、さらに新しいゴールを、さらに高くて遠いゴールを設定するのです。

つねに輪ゴムにテンションが生じ、エネルギーが生まれるように、ゴールが近づくたびにさらにその先へと、ゴールの設定を発展的にリセットし、更新していくことが必要です。

もちろん、新しいゴールへと更新するときに、かつて描いたゴールのようにあらゆる状況を大きく変化させる夢を描かなくてはならないということではありません。とくに発展させたいと望む分野において、その先の地平線を見てやろうと考えればいいのです。

そして、ゴール設定の更新を続けていくと、今までスコトーマによって見ることのできなかった本当のゴールの存在が見えてきます。

それは、あなたが本当に求めている何かであり、あなた自身が知りえなかった何かです。

それを見てみたいと、あなたは思いませんか？

UNIT 20

バランス

ゴールは、必ずバランスのとれたものでなくてはなりません。

あなたのゴールは、あなたの人生においてバランスがとれたものでなくてはなりません。仕事、家庭、健康、等々…。

■幸福とは何か？

あなたは、人生に何を求め、何を手に入れたいのでしょうか。

「何が私に幸福をもたらしてくれるのか？」と自分に問いかけてみてください。有り余るほどの富、社会的な地位と名誉、望むものは人それぞれでしょう。

人生で何を手に入れたいか、一言で言えば、幸福に違いありません。

しかし、幸福とは何か、突き詰めて考えると、だんだんそれがわからなくなるのが人間というものです。

その昔、ギリシャの哲学者は、幸福を次の4つのレベルに分けて考えました。

①基礎的な（本能を満たすための）幸福。完全に満たされることのない激しく即物的な幸福。食欲や性欲など。薬物依存者が薬物に求めるのもこのレベルの幸福。この幸福を求めようとすると「強迫観念」に襲われる。

②競争からもたらされる幸福。他者より優れたものをより多く所有したり、他者よ

り優位に立つことで得られる幸福。他者を追い落とすことで得られる幸福。競争原理の観点からはメリットがあるが、独善的となる。
③奉仕することで得られる幸福。他者の幸福や成功から得られる幸福。
④至福の境地。完璧かつ究極及び、正義、真実、愛など人間のレベルでは得ることができないと考えられている幸福。

なかなか含蓄があり、面白い内容なので引用してみましたが、これを見ても、何かひとつのことで幸福が得られるものではないということがよくわかります。私たちがふつうに考える幸福は、①から④までの内容がほどよく混ざり合ったものではないでしょうか。

■バランス

ゴールを設定するうえで、この点を考慮することはとても大切です。それは職業や地位、収入だけで構成されるものではないからです。

TPIE®では、バランス・ホイール（バランスの輪）といいますが、職業があれば家庭があり、家庭があれば地域があり、もちろん自分の精神性や健康もあるはずです。

企業人であれば、リタイア後のこともないといけないでしょう。要するに、職業上だけのゴールではダメで、バランス・ホイールを程よく満たすことを重視しています。したがって、職業上のゴールはもちろん、必ず家庭内のゴールも設定します。地域の中で何ができるかという社会のゴールや、もっと勉強したいなど自分自身の精神性のゴールも設定します。

もちろん、余暇をこう過ごしたいというゴールや、老後はこうなりたいというリタイア後のゴールも設定します。

人生のいろいろな方向性に対して、まんべんなくゴールを設定するということです。このように、分野ごとにアファメーションをつくることになると、集中力が分散してしまうのではないかと思うかもしれませんが、決してそうではありません。

バランスがとれたゴールであるほうが、むしろ無意識を活性化し、すべての分野で成果を上げる方法が見つかるよう機能するのです。

たとえば、資産について考えるときは、自分が実現したいライフ・スタイルを維持するのに必要な資金を考えてみます。

すると、そのときの仕事はどのようなものであり、どのような能力を発揮して、どのくらいの収入を得ているのか、ビジネス全体を俯瞰《ふかん》してイメージすることができるでしょう。そのようにして、ゴールに全体性を持たせるということです。

分野がいくつに分かれていても、ゴールはひとつでいいのです。人生のすべてを包含したゴールにしてくださいということです。

■ゴールはいくつあってもいい！

誤解のないようにつけ加えれば、複数のゴールを設定してはいけないということではありません。

同時に8つのゴールを設定し、8つのアファメーションを別々に唱えてもいいのです。

ただ、齟齬《そご》を生まないという意味で一番単純な方法が、そのすべてを包含したセルフ・イメージの世界をゴールとしてつくりあげればいいということなのです。

ひとつのゴールに、人生のさまざまな要素がバランスよく含まれていることは理想的といえます。

あなたのゴールは何ですかと聞くと、たいていの人が偏ったゴールを思い描いていることがわかります。たとえば、「プロ野球選手になること」などです。

悪いことではありませんが、それは、それだけで終わってしまうゴールです。プロ野球選手になって社会に貢献すること、あるいはプロ野球選手になって家族を幸せにすることなど、すべてが入っていなければいけません。

人生のさまざまな方向性に対して、具体的なイメージが加えられてこそ、高いエフィカシーも、未来の記憶も、アファメーションも、より効果の高いものになります。

つまり、ゴールの世界のリアリティーも強めやすいのです。その意味からも、ゴールをバランスのとれたものにすることはとても大切なことです。

UNIT 21

さらなる夢に向かって

現在の夢のさらにその先へ。

あなたが設定するゴールは最初、あなたの組織のゴールと一致するに違いありません。しかしながら、ゴールをさらに先に設定することによって、またあなたのコンフォートゾーンをより高みにシフトすることによって、あなたは、あなた自身とあなたの組織にとって、前例のない新しいゴールを見いだすことができるでしょう。

あなたは、現在のリアリティーの先を見ることができるし、周りの人々を現在のリアリティーの先に導くことができるでしょう。

なぜなら、過去の重要なことによってつくられたスコトーマを打ち破ることになるからです。現在のリアリティーから覚醒しましょう。

■未来しかコントロールできない！

人間がただひとつ自在にコントロールできるものは、未来です。

私たちは、過去をコントロールすることはできません。現状は、考え方次第でコントロール可能でしょうが、結局それは現状を維持することにつながります。もし、私たちの力で変えることができるとすれば、それは未来なのです。

今、あなたが設定したゴールのバランス・ホイールのうち、自分のキャリアについては、今勤めている会社の中での成功が入っているはずです。

もちろん、最初はそれで構いません。

人間は、自分ができると信じられないことを欲することはありません。人間が潜在的に持っている力、自分自身に対するブリーフが、その人の夢の大きさを決めてしまうからです。

しかし、人間の夢は、その人の成長とともに発展していきます。タイス・プリンシプルでいう「昨日までの夢は、今日の必需品になる」ということです。成長とともに、私たちは新たな夢を描けばいいのです。

したがって、ゴールに向かって前進し、ゴールに近づいていると実感するならば、さらにその先にあるゴールを探すことが必要です。そして、設定したゴールの先にある新しいゴールを見つけたら、そのときはゴールを更新してください。

新しいゴールに合わせて、もっとコンフォートゾーンを広げていくということです。そうすると、さらにその先に、もっと新しいゴールが出てきます。ゴールは尽きることがありません。

このようにしてコンフォートゾーンを上げていくと、あなたが勤める企業の中の誰も気がついていなかったゴールが見えてくる可能性が出てきます。

誰も気がついていなかったとは、たとえばホンダが二足歩行ロボットを初めて開発製造したとか、簡単には想像がつかないようなゴールのことです。

それは、自分にとっても企業にとっても、素晴らしいことであるに違いありません。

その意味においても、自分のゴールをさらにその先に設定することがとても大切なのです。もちろん、その結果、会社を辞めることになるのであれば、それはどうぞご自由にということです。

■リーダーをつくる！

ユニット21の目的は、リーダーをつくるということです。

今の会社でキャリアを築こうとしているあなたにとって、ゴールを設定するということは、会社のゴールに合致したゴールを設定するということです。会社のゴールに制約される以上、それはリーダーではありません。そのゴールに向かって、同僚とともに進むだけです。

しかし、ゴールのさらに先にゴールを設定することができれば、それは文字通りリーダーです。なぜなら、さらに先に設定したゴールに向かって、あなたがほかの人を引っ張っていくことになるからです。

それは会社にとっても、嬉しいことです。たとえば、トヨタであれば、新しいトヨタをつくることができる人に幹部になってもらいたいはずです。そのために会社は、つねに新しい未来をつくりだせる人材を求めています。

つまり、新しい未来をつくりだせる人とは、新しいゴールをつくりだせる人、ここでいうリーダーということです。

ですから、最初は会社と自分のゴールが合致しています。もちろん、そのゴールは現状では達成できないゴールです。そして、そのゴールのさらに先を行くゴールを設定すると、もしかすると今の会社のゴールとは異なるものになるかもしれません。するとと、今度は会社がそのゴールを共有するように変わるしかありません。

当たり前のことですが、昨日までの会社がどうであるかということは、関係ありません。

もし自分が社長になったら、次をどうするかは、自分が決めるのです。いきなりトヨタが、今日からクルマをつくるのはやめました、明日からは太陽電池で動く自転車をつくります、と変身を遂げてもいいわけです。

さらに先へ会社を引っ張っていくリーダーになるということは、最初は会社に合致しているゴールのさらに先にゴールを設定することによって、会社さえも進化を遂げ救われるということです。

会社にいるすべての人は、過去が決めている、今何が重要かというスコトーマの中にいます。会社にとっても、それが現状ということです。

しかし、あなたがゴールのさらに先にゴールを設定することによって、自分だけでなく周りの人のスコトーマをぶち壊し、新しい認識を生み出します。

つまり、さらに先のゴールを設定する結果、現状という現実世界から、世の中の人を目覚めさせるリーダーが生まれてくるということです。

TPIE®とは、そのようなリーダーを生み出すためのプログラムにほかならないのです。

おわりに

コーチングの元祖であり、現在も世界最高のコーチであり続けるルー・タイスの業績は、私が列挙するまでもなく世界的にきわめて高く評価され続けています。

米軍のコーチであり、米警察のコーチであり、米情報機関のコーチであり、フォーチュン５００企業の62％が彼のコーチングを導入していることはとくに有名ですが、アメリカオリンピックチームのコーチであり、最近では北京オリンピックに合わせて中国のオリンピック委員会が彼にコーチングを依頼するなど、あまり知られていないことまで含めて、元祖コーチは現在でもコーチングの最先端を独走しています。

最近では、ロサンゼルス市警と組んで、ロサンゼルスのティーンエイジャーギャングの問題解決に大きな貢献をしました。現在はフィラデルフィアのギャング問題の解決にも取り組んでいます。

また、メキシコ前大統領のヴィンセンテ・フォックス氏とともに、子ども向けの新教育プログラムＰＸ２®を利用したラテンアメリカ諸国の教育プログラムの改革にも乗り出しています。

また、ルー・タイスは、40年以上前にコーチングの分野を確立してから、そのときどきの米国心理学会会長などトップレベルの心理学者をアドバイザリー委員会に迎え、コーチングプログラムをつねに最新の研究成果を反映したものとしてきています。

私も約3年前に機能脳科学の最新の成果をルー・タイス・プログラムに導入してほしいというルー・タイス自身の強い依頼を受けて、それ以来、各プログラム開発に中心的にかかわってきました。まずは子どもたちと子どもたちの教育にかかわる両親や学校の先生たちの新プログラムPX2®の開発に携わりました。

さらには、ルー・タイス・プログラムの中心プログラムであった成人向けのIIE(Invest In Excellence)プログラムに代わる新中心プログラムを構築せよとの依頼を受けるに至りました。

これによりシアトルと東京を何度も往復しながら、ルー・タイスとともにつくりあげてきた最新のコーチングプログラムが、TPIE®であり、本書でその内容を世界に先駆けて明らかにしたものです。

TPIE®は、Tice Principle in Excellenceの略で、ルー・タイスがこれまで率いてきた、米国教育機関The Pacific Institute(TPI®)の名前をもじったものでもあり、また、世界の子どもたちの教育の高度化のために設立された米国公益法人Better World Foundationなど、ＴＰＩ®の枠を超えたルー・タイスの活動のバックボーンとなるルー・タイス・システムの理論化という意味合いも兼ね合わせて、私自身がルー・タイスの許しを受けてネーミングしました。

The Tice Principle In Excellence, ＴＰＩＥ®は、文字通り、ルー・タイス・システムの重要なプリンシプルを抽出し、理論化したもので、それぞれのプリンシプルに合わせてカリキュラムユニットが構築されています。

これにより、認知理論を知らなくても、カリキュラムにしたがって学習することで、自然とルー・タイス・プリンシプルが理解、応用可能となるように設計されています。

このように、過去のＩＩＥなど、全世界で実績のある既存のカリキュラムと同様のステップ・バイ・ステップの学習形式を踏襲したうえで、背景にある理論的なバックボーンも自然と習得できるようなカリキュラムとしています。

タイトルにあるように、最新の脳科学と認知心理学の成果、つまり機能脳科学の成果がふんだんに盛り込まれた最新のプログラム構築に成功したと自負しています。

今後、全世界の成人向けルー・タイス・プログラムがＴＰＩＥ®に順次変わっていくことになる予定ですが、そのＴＰＩＥ®の導入の最初の地が日本となったことは、とくに意義のあることだと思っています。

現在では全世界に２８０万人の受講者を持ち、各国のリーダー教育にも取り入れられているルー・タイス・プログラムですが、これまで、なぜか、日本に本格上陸することはありませんでした。

ひとつには、ルー・タイス・プログラムが、もともと英語で書かれ、スペイン語などの欧米言語への翻訳が言語的、文化的にも容易だったことがあると思います。

とくに、自己変革の中心技術となるアファメーションの方法論は、本来、欧米言語文化的であり、日本人に受け入れにくいものであった可能性が考えられます。

これに対して、ＴＰＩＥ®は、米国の軍人やビジネスマン向けに当初開発されたＩＥなどの過去のルー・タイス・プログラムとは、本質的に発想が異なり、世界の子ども向けの最新プログラムＰＸ２®と同様に、最初から全世界の人々を対象としたプログラムとして設計しました。当然、日本のみならずアジア文化圏の人々にも親しみやすいプログラムとなることを前提として設計、構築しましたので、元来欧米的であるアファメーションの方法論にしても、日本のみなさんにも利用しやすく、かつ効果を出しやすいようなものに設計しています。

これは本書でのアファメーションの解説でもご理解いただけたと思います。


また、元来、ルー・タイス・プログラムは、ファシリテータ方式といい、コーチをマスターコーチが育てるという特殊な教育プログラムであり、ファシリテータの訓練などの特殊なノウハウが必要となっています。

また、米軍やフォーチュン500企業などでの顕著な成果から、米教育界では「知らない人はいない」といってもいいぐらいに有名な、ある意味、「雲の上のエクセレンスプログラム」であり、だからこそ、米国でも広告宣伝活動が一切なされていない特別なプログラムです。

私自身、米国のトップコーチング機関としてのＴＰＩ®の名前は前から知っていましたが、そのトップのルー・タイスに、名指しで「手伝ってほしい」と呼び出されるとは、ほんの3年前までは、想像もしていなかったぐらいです。

マッキンゼーやボストンコンサルティングなどの米国トップ経営コンサルティング機関が、彼らの顕著な実績により、広告宣伝活動をする必要がなく、全世界のトップ企業をクライアントにしている、もしくは、かつて米国務省で、スパイの外国語英才教育で名をあげたベルリッツがこれといった宣伝もなく全世界に広がっていったのと同様だと思っていただければ、わかりやすいと思います。

人生の晩年を迎えたルー・タイスは、米軍エリートや、米トップ企業エリート、オリンピックアスリーツなどに提供されてきた「雲の上プログラム」を全世界の人々に分かち合いたいと願い、それを具体化するために、私を含む、全世界の仲間を集結させ、2つの新プログラムの構築に着手したのが約3年前です。

その最初の成果であるPX2®は、小学生から大学生ぐらいまでの「世界の子どもたち」と、その教育にかかわる人たちを対象としたプログラムであり、昨年度中に発表され、日本には今年の春に上陸し、私自身が代表を務める一般財団法人BWFジャパンが国内で展開を開始したところです。もちろん、私も開発に当初から深くかかわっています。

そして、2つ目が、TPI®のこれまでの成人プログラムに取って代わる最新の成人向けプログラムであるTPIE®です。

これは、ルー・タイス自身から私が開発のリーダーに指名され、全力で開発に携わってきました。

これが完成し、日本でも今年7月からファシリテータ教育を含むTPIE®プログラムが、TPI®の日本法人TPI® International 社により展開されています。

もちろん、プログラムの中心開発者であり、米国TPI®本部の極東地域の代表も兼任する私自身が、その展開に全面協力しています。

これにより、日本でも今後ルー・タイス・プログラムが少しでも多くの人たちの人生を豊かにしていくことに役立てれば、本望であり、私自身がそのカリキュラムに誠心を持って責任を負うものです。

TPIE®は、ルー・タイスの人生のベストであり、また、私自身の現在におけるベストが込められた最強の自己変革プログラムであることをここに保証いたします。

本書は、このTPIE®を広く知っていただくために執筆しました。

さらに、本書を読むだけで、TPIE®のエッセンスが理解され、また、実際に自己変革の効果が表れるように書いたつもりです。
今日から、ルー・タイスと私、苫米地英人があなたのパーソナルコーチです。

苫米地英人

本作品は２００９年に刊行された『まずは親を超えなさい！』（弊社刊）を改題、再編集いたしました。

〈著者プロフィール〉

苫米地英人（とまべち・ひでと）

脳機能学者・計算言語学者・分析哲学者・実業家。

マサチューセッツ大学を経て、上智大学外国語学部英語学科卒業。その後、2年間の三菱地所勤務を経て、フルブライト留学生としてイエール大学大学院に留学（計算機科学学科博士課程人工知能専攻）。

その後、コンピューター科学の分野で世界最高峰と言われるカーネギーメロン大学大学院に転入。計算言語学の博士号を取得（日本人初）。

イエール大学・カーネギーメロン大学在学中、世界で最初の音声通訳システムを開発し、CNN で紹介されたほか、マッキントッシュの日本語入力ソフト「ことえり」など、多くのソフトを開発。帰国後、三菱地所の財務担当者としても活躍。自身の研究を続ける傍ら、1989 年のロックフェラーセンター買収にも中心メンバーの一人として関わった。

その後、徳島大学助教授、ジャストシステム基礎研究所所長、通商産業省情報処理振興審議会専門委員等を歴任。中国南開大学客座教授、全日本気功師会副会長。

現在、株式会社ドクター苫米地ワークス代表、コグニティブリサーチラボ株式会社 CEO、角川春樹事務所顧問、米国公益法人 The Better World Foundation 日本代表、米国教育機関 TPI®インターナショナル日本代表、天台宗ハワイ別院国際部長。

また、カルト信者の脱洗脳や、国松警察庁長官狙撃事件で実行犯とされる元巡査長の狙撃当日の記憶の回復など、脱洗脳のエキスパートとして公安警察の捜査に貢献。現在も各国政府の顧問として、軍や政府関係者がテロリストらに洗脳されることを防ぐ訓練プログラムを開発・指導している。

近年は、同時通訳者としての経験や脳機能学者・計算言語学者としての見識から生み出した「英語脳のつくり方」プロジェクトが大反響を呼んでいるほか、本業のコンピューター科学分野でも、人工知能に関する研究で国の研究機関をサポートするなど精力的に活躍。自己啓発や能力開発の分野における世界的権威ルー・タイス氏とともに、米国認知科学の最新の成果を盛り込んだ能力開発プログラム「PX2®」の日本向けアレンジに着手。日本における総責任者として普及に努める。

また、TPI®の新プログラム TPIE®の開発総責任者として、全世界に先がけて、日本に TPIE®を導入中。

一方、格闘家前田日明氏とともに全国の不良たちに呼びかけた格闘イベント「THE OUTSIDER」を運営。また、全世界放映の「ディスカバリーチャンネル」や「明日使える心理学！テッパンノート」(TBS・毎日放送系列) など多数出演。

著書に『現代版　魔女の鉄槌』『「オトナ脳」は学習できない！』『クロックサイクルの速め方』『バイリンガルは二重人格』『コンフォートゾーンの作り方』『なぜ、脳は神を創ったのか？』『フリー経済学入門』『まずは親を超えなさい！』『残り 97%の脳の使い方』『頭の回転を 50 倍速くする脳の作り方』『脳と心の洗い方』『英語は逆から学べ!』『英語は逆から学べ！実践トレーニング編』『英語は逆から学べ！上級トレーニング編』『英語は逆から学べ！英会話トレーニング編』『脳単マッピング』(以上フォレスト出版) などがある。

<最新情報は苫米地英人ブログ>
http://www.tomabechi.jp/

<苫米地英人公式ケータイサイト>
http://dr-tomabechi.jp

編集協力／岡本聖司
DTP／白石知美（株式会社システムタンク）
写真家／住田頼胆

夢をかなえる方程式

2011年8月16日　初版発行

著　者　苫米地英人
発行者　太田　宏
発行所　フォレスト出版株式会社
〒162-0824 東京都新宿区揚場町2－18　白宝ビル5F
電話　03-5229-5750（営業）
　　　03-5229-5757（編集）
URL　http://www.forestpub.co.jp

印刷・製本　（株）シナノ

ISBN978-4-89451-843-8　Printed in Japan

人生を変える！苫米地英人のベストセラーシリーズ

脳が2～32 倍速になる特殊音源トレーニング CD 付

クロックサイクルの速め方

速読・仕事・勉強・頭の回転が速くなる！

フェイスブック、ツイッターなどの
超情報化社会では、実は時間も不平等！
情報が多量にあふれる時代では
「クロックサイクルの速い人」
しか成功できない！

苫米地英人著
定価 1470 円（税込）
ISBN978-4-89451-438-6

聴くだけで目標達成できる！ CD 付

コンフォートゾーンの作り方

**280 万人の人生を変えた
世界最高峰のプログラム
～図解TPIE®プログラム～**

脳科学と心理学の
「世界の頂点の知能」を集結させた
「TPIE®プログラム」のエッセンスを
まとめ、図解でわかりやすさを
追求した１冊

苫米地英人著
定価 1365 円（税込）
ISBN978-4-89451-413-3

大人気！苫米地英人の英語学習本シリーズ

大ベストセラー！　**第1弾**

英語は逆から学べ！

最新の脳科学でわかった！
世界一簡単な外国語勉強法。

「脳が言語を学ぶメカニズム」に沿った方法だから、年齢や環境に関係なく英語力ゼロからネイティブスピーカーになった人が続出！
語学書としては異例のベストセラー！

苫米地英人著
定価1365円（税込）
ISBN 978-4-89451-296-2

脳が勝手に単語を記憶していく！　**第5弾**

脳単マッピング

通勤・通学で聴くだけで単語が増えていくCD付

～英語は逆から学べ！英単語編～

脳が言語を学ぶときにもっとも重要なのは
「視覚情報」と「臨場感」だった！
ストーリーと画像で英単語を覚える
新しい英単語学習法

苫米地英人著
定価1575円（税込）
ISBN 978-4-89451-427-0

大好評！ 2545 新書ベストセラー

017

怒らない技術

今日から、イライラ禁止！

全ての原因は「イライラ」だった！

今すぐ怒り・イライラが消える
11の特効薬付き

嶋津良智 著
定価945円（税込）
ISBN978-4-89451-818-6

029

日本人のための フェイスブック入門

「え！まだ facebookヤってないの？」

インターネットを越えた！

最強のコミュニケーションツール

日本一わかりやすい
フェイスブックの本！

フェイスブック初心者、フェイスブックのファンたちがみんなで作った！

松宮義仁 著
定価945円（税込）
ISBN978-4-89451-830-8